Horst-Eberhard Richter
Die seelische Krankheit Friedlosigkeit ist heilbar

»edition psychosozial«

Horst-Eberhard Richter

Die seelische Krankheit Friedlosigkeit ist heilbar

Psychosozial-Verlag

Bibliografische Information Der Deutschen Nationalbibliothek
Die Deutsche Nationalbibliothek verzeichnet diese Publikation
in der Deutschen Nationalbibliografie; detaillierte bibliografische
Daten sind im Internet über <http://dnb.ddb.de> abrufbar.

Originalausgabe
© 2008 Psychosozial-Verlag
Goethestr. 29, D-35390 Gießen.
Tel.: 0641/77819; Fax: 0641/77742
E-Mail: info@psychosozial-verlag.de
www.psychosozial-verlag.de
Alle Rechte vorbehalten. Kein Teil des Werkes darf in irgendeiner
Form (durch Fotografie, Mikrofilm oder andere Verfahren)
ohne schriftliche Genehmigung des Verlages reproduziert oder
unter Verwendung elektronischer Systeme verarbeitet,
vervielfältigt oder verbreitet werden.
Umschlaggestaltung & Werksatz: Hanspeter Ludwig, Gießen
Printed in Germany
ISBN 978-3-89806-836-9

Danksagung

Nach einer langen Lebensstrecke geht der Blick zurück zu einigen markanten Stationen von Leid, Schuld, Hoffnungen und zu Menschen, die in mir den Glauben gestärkt haben, dass wir die Gesellschaft menschlicher machen können – das sind Kranke, Arme und auch Kinder. Aber vornan sind es meine Frau über 60 Jahre, und meine Familie. Dann Weggenossen und -genossinnen in der Psychoanalyse, in der ärztlichen und der allgemeinen Friedensbewegung. Nur einen möchte ich persönlich herausstellen, von dessen wunderbarer Freundschaft ich in den letzten Jahren besondere Kraft schöpfen konnte. Das ist Joseph Weizenbaum, der zur Heilung des friedlosen technischen Allmachtsglaubens das Wiedererstarken der Menschenliebe herbeiwünschte. Dafür nahm er alle Ausgrenzungsversuche und Schmähungen mit der Gelassenheit eines zutiefst Überzeugten in Kauf. Er war ein unersetzbarer Lehrer für eine aufhorchende kritische Jugend. Ich widme dem vor wenigen Wochen Verstorbenen diesen kleinen Band.

»Entweder wird die gesamte Menschheit physisch zugrunde gehen, oder der Mensch wird sich in seinem sittlich politischen Zustand wandeln.«

Karl Jaspers

»Frieden ist nicht alles, aber ohne Frieden ist alles nichts.«

Willy Brandt

Inhalt

Anstelle eines Vorwortes:
Ein Interview mit dem TAZ-Journal 02/2007   9

1   Übersicht   21

2   Einstein und Freud über den Krieg   29

3   Medizin und Gewissen   45

4   Alexander Mitscherlich und die Deutschen   61

5   Eine wunderbare Verwandlung   79

6   Das Unbehagen am »Deutschen Herbst«.
Zur Verarbeitung der RAF-Geschichte
aus psychoanalytischer Sicht   85

7   Atomrüstung und Menschlichkeit   105

8   Es gibt keinen Frieden
unter atomarer Bedrohung   123

9 Islamophobie – ein Symptom
  der »seelischen Krankheit Friedlosigkeit«   129

10 Welchen Menschen braucht die Zukunft?   139

11 Rede zum 175. Jubiläum
  der Sophie-Scholl-Schule in Berlin   157

Anstelle eines Vorwortes: Ein Interview mit dem taz-Journal 02/2007

taz: Herr Richter, Sie waren als junger Soldat im Zweiten Weltkrieg. Da haben Sie den Tod erlebt.

Richter: Reichlich.

Erzählen Sie.

Ich kam im Spätwinter 1942 nach Russland. Ich weiß noch genau, wie wir bei der Frühjahrsoffensive an eine grüne, herrliche Wiese kamen. Wunderschöner Sonnenschein. Und da lag vor mir ein blonder, deutscher Soldat. Bäuchlings in dem grünen Gras. Er sah völlig intakt aus. Die Uniform, sein wallendes, blondes Haar. Ich dachte erst, er sei ohnmächtig. Ich drehte ihn um – sein Gesicht war vollkommen weggeschossen. Das war am ersten Tag unseres großen Angriffs. Das Bild bin ich nie mehr losgeworden.

Haben Sie getötet?

Ja, natürlich.

Natürlich?

Ich war bei der Artillerie. Als Richtkanonier. Die Haubitze war eine LFH-18 mit Schubkurbelflachkeilverschluss und Rohrrücklauf-Fahrbremse. Das weiß ich noch ganz genau. Ich bekam Kommandos, wie ich das Kanonenrohr einstellen sollte. Mit welcher Entfernung. In welchem Winkel. Das war meine Aufgabe. Mit dem Ding schossen wir fünf, sechs, bis zu zehn Kilometer weit. Erst beim Nachrücken auf dem Vormarsch mit unseren Geschützen haben wir später gesehen, was wir angerichtet haben.

Was haben Sie gesehen?

Tote russische Soldaten. Tote Frauen. Tote Kinder.

Das sieht man dann – und schießt weiter?

Es gibt nur wenige Momente, wo man so etwas wie Scham hat.

Welche waren das?

Ich war mal mit einem Kameraden für ein paar Tage in einer russischen Bauernhütte untergebracht. Draußen war ein Schacht mit Stämmen drauf. Das war das Klo. In dem Raum wurde gekocht und geschlafen. Alles fand da statt. Die Familie, das war ein junges Ehepaar mit zwei kleinen Kindern und einem Baby. An der Decke hing an Seilen eine Wiege mit dem Baby drin. Auf dem Ofen saß eine Oma, die stundenlang abends diese Wiege in Gang gehalten und dazu gesungen hat. Anfangs waren die Leute über unser Eindringen erschrocken.

Nur am Anfang?

Na, sie haben dann gemerkt, dass wir eigentlich gutartige junge Leute sind. Und auf einmal hatten die keine Angst mehr vor uns. Ich fand die so liebenswürdig, dass ich zu meinem Kameraden sagte: Guck dir die mal an und guck dir uns mal an, was wir hier eigentlich machen. Auf die schießen wir hier! Da habe ich mich geschämt. Immer wenn wir später wieder auf dem Vormarsch waren, habe ich mir diese Familie vorgestellt. Da ist mir klar geworden: Ich muss irgendwas in mir vorübergehend abtöten, sonst halte ich das nicht aus.

Dann haben Sie das ausgehalten?

Man kühlt ab. Als ob irgendwas in einem erfrieren würde. Stellen Sie sich vor, man kann dann in einer Gefechtspause ruhig essen, auch wenn da um einen herum Tote liegen. Man hat Appetit, kann jederzeit pennen. Es findet da eine Verrohung statt, die Abscheu und Mitleid reduziert. Es ist eine Reduzierung des Sensoriums und die Abtötung der Sensibilität. Man bewegt sich so automatisch – wie ein Roboter. Aber ich konnte sogar auch jeden Tag irgendwo in einer Pause ein paar Minuten lesen. Reclam-Heftchen, Hölderlin, was Romantisches, um eine andere Welt hochkommen zu lassen. Das war dann immer wie ein kleiner Urlaub.

Heißt das, dass Sie überhaupt keine Todesangst hatten?

So eine tiefe Angst hat man gar nicht. Man hat gar nicht die Zeit dazu. Man ist so funktional eingestellt, dass man in jeder Sekunde überlegt: Was muss ich tun? Es gibt da nur Kommandos und Feuer und fertig. Man bewegt sich so, als wäre es Routine. Egal ob neben einem Leute tot daliegen, sterben oder jammern. Eine hektische Pragmatik.

Keinerlei Hemmungen?

Sie meinen Tötungshemmungen?

Ja.

Nein. Das ist fast wie in diesem Charlie-Chaplin-Film.

Wie in »Modern Times«?

Genau. Als Soldat wird man wirklich zum reinen Werkzeug. Es ist schwierig, dieses mechanische Leben zu beschreiben. Es hilft jedenfalls. Wir in der Psychoanalyse nennen das Regression. Die Niveausenkung des psychischen Apparats. Die Ausschaltung des Gewissens, um das innere Gleichgewicht zu bewahren. Man wird auf Stand-by reduziert.

Und heute? Wo wieder deutsche Soldaten im Kampfeinsatz sind?

Heute ist das anders. Heute wird das Sterben und Töten zum Schützen und Helfen.

Wie meinen Sie das?

Der Minister Jung hat eine Sprachtechnik, die dem Soldaten pausenlos in den Kopf hämmert: Du bist ja nur dazu da, um zu schützen. Du bist ja nur dazu da, um die anderen nicht im Regen stehen zu lassen. Der Kohl konnte das auch. Es wäre gemein, wenn wir Deutschen jetzt nicht den anderen Nato-Soldaten helfen würden.

So eine Art sprachliche Umwidmung?

Der Verteidigungsminister kann das fabelhaft. Es gibt eine karitative, moralisierende Logik, in der das Töten und das Schießen und das Morden umgekehrt werden zu einer guten, sozialen Tat.

In Afghanistan.

Genau. Das hat Jung jetzt wieder gesagt. Auch wenn wir jetzt nicht im Süden Afghanistans kämpfen, werden wir den Amerikanern – und wer da noch alles in Not ist – beistehen, helfen und sie nicht alleine lassen. Also für mich ist das ganz fantastisch. Diese caritativ-therapeutische Sprachwelt, die da auftaucht, nur um das Gegenteil von dem zu suggerieren, was wirklich passiert. Alles dient nur dazu, das Böse abzuwenden.

Defensiv ist doch auch der Satz: »Deutsche Interessen werden am Hindukusch verteidigt.« Warum sagt man denn nicht die Wahrheit – und zwar: »Soldaten töten und sterben doch auch in Afghanistan.«

Ja. Aber dieser Gedanke strengt zu sehr an. Sehen Sie mal: der Bush. Der hat den Irak angegriffen, um die Welt zu beschützen und um Amerika zu beschützen. Jetzt hat er gesagt: Wenn man im Iran nicht für Ordnung sorgt, dann wird der Iran die ganze Welt bedrohen. Er malt einen nuklearen Holocaust an die Wand. Die uns verordnete Mentalität, repräsentiert durch Bush oder durch Jung oder durch Schäuble, ist eingestellt auf eine gespaltene Welt. Und wenn man sich den ersten Kreuzzug mal anschaut, dann war das schon damals ganz genauso. Papst Urban II. hat im Jahre 1095 in Clermont eine Rede gehalten mit der Botschaft: Entweder ihr seid auf unserer Seite, der Seite Gottes, oder ihr seid auf der Seite der gottlosen Schurken und Muslime. Kommt Ihnen das nicht bekannt vor?

George W. Bush hat das in leicht abgewandelter Form nach den Anschlägen vom 11. September gesagt.

Ja.

Das ist Carl Schmitt in Reinform.

Ja.

Das Freund-Feind-Schema.

Ja.

Und wir hier im Westen sind natürlich die Guten.

Genau. Das geht ziemlich tief rein. Das manichäische Weltbild kann man sich so erklären, das ist nun auch ein bisschen meine Forschung, dass uralte, archaische Instinkte oder Anlagen zum Vorschein kommen. Es ist nicht nur die Bereitschaft, sich diese einfache Welterklärung gefallen und auch befehlen zu lassen. Sondern rattenfängerartig wird eine Hörigkeit ausgelöst, die dann massenpsychologisch dazu führt, dass es geradezu als Erlösung empfunden wird, vom eigenen Gewissen befreit zu sein. Ein absolutes Feindbild ist nötig, um mit sich selbst im Reinen zu bleiben.

Wer ist der Rattenfänger?

Na, Bush. Und zwar ein Rattenfänger, der sogar von Gott beauftragt ist, wie Bush immer betont. Die Amerikaner hatten ihr Flugzeug, das die Atombombe auf Hiroshima abwarf, christlich eingesegnet. Und es gibt ein Atom-U-

Boot, das allein schon ganz Europa vernichten kann, das heißt USS City of Corpus Christi. Das muss man sich mal vorstellen. Ein U-Boot mit dem Namen Corpus Christi. Also ist man sich nicht nur mit Bush einig, sondern auch mit Gott. Aber was wäre das für ein Gott!

Und die deutsche Regierung hängt sich dran mit ihrer »Bündnispflicht«?

Hier wird doch auch vieles pseudoreligiös verklärt. Nehmen Sie doch nur mal den Vorstoß von diesem Minister Jung. Flugzeuge wegen einer möglichen terroristischen Gefahr präventiv abzuschießen.

Wieso hat das etwas Religiöses?

Weil sich die, sagen wir mal 100 Passagiere in dem Flugzeug opfern müssen. Es wäre ein Opfertod zum Wohle des Vaterlandes.

Wir Deutsche wollen wieder auf der Seite der Helden stehen?

Ja, klar, es gibt doch nichts Schlimmeres als den Vorwurf, ein Weichei zu sein. Erst durch den Krieg wird der Mann zum Mann. Das war meine Kindheit, das war meine Schulausbildung. Wir waren pausenlos der Verehrung der Helden des Ersten Weltkriegs ausgesetzt. Und dass der Junge erst dann ein richtiger Mann wird, wenn er kämpft und die Fahne mehr ist als der Tod. (singt) Und die Fahne ist mehr als der Tod ...

Das war zu Ihrer Zeit. Aber doch nicht mehr heute?

Also ich nenne Ihnen da jetzt mal ein Beispiel. Zwei Wochen vor der berühmten UN-Sitzung, die über den Irakkrieg entschied, saß der damalige französische Außenminister Villepin mit seinem amerikanischen Amtskollegen Powell zusammen. Powell wollte Villepin beschwatzen, dass die Franzosen beim Krieg mitmachen sollten. Villepin aber blieb standhaft. Anschließend sagte der Powell vor Vertrauten: »*Dieser Villepin ist ein schauderhaft weibischer schwächlicher Mann.*« Jedenfalls hat er die Weigerung der Franzosen, im Irak mitzuschießen, gleichgesetzt mit Unmännlichkeit. Zehntausende von Irakern mit erlogener Begründung zu töten – soll das heißen, einen Männlichkeitstest bestanden zu haben?

Die Bundesregierung ist heftig darum bemüht, diesem Weichei-Image entgegenzuwirken. Jetzt wird in Berlin ein Ehrenmal gebaut mit der Inschrift »Den Toten unserer Bundeswehr. Für Frieden, Recht und Freiheit«. Ein tauglicher Versuch?

Wie kann man behaupten, dass die Soldaten in Afghanistan für Frieden und Freiheit ihr Leben verloren haben? Nach sechs Jahren Krieg ist doch der Frieden so fern wie unter der sowjetischen Besatzung. Und Freiheit? Nicht mal die Soldaten können sich außerhalb der hochmilitarisierten Zentren frei bewegen. Die deutsche Bevölkerung hat bei fast allen Umfragen erklärt, dass sie von der militärischen Verteidigung unserer Interessen am Hindukusch nichts hält. Und stetig wächst der Unmut über die unbeirrten Anstrengungen von Jung und Schäuble, das noch an der Vergangenheit arbeitende deutsche Bewusstsein planvoll zu remilitarisieren.

Der pure Zynismus?

Totengedenken ist in Ordnung. Noch immer träume ich selbst vom Krieg. Ein Traum, der sich in ähnlicher Form mehrfach wiederholt hat, lautet: Man übergibt mir die Habseligkeiten eines gefallenen Soldaten. Es ist, als würde ich gerade von der Front nach Hause entlassen. Ich soll die Sachen den Angehörigen bringen, aber frage vergeblich und verzweifelt nach deren Adresse. Ich übernehme die Last, aber weiß nicht wohin damit. Mir scheint, dass dieser Traum keine Deutung benötigt.

Das sind Schuldgefühle?

Nachdem ich kurz vor Stalingrad in ein Lazarett gekommen bin und dort die Tragödie am Radio verfolgt habe, bin ich nicht mehr den Gedanken an die 200.000 losgeworden, deren grausamen Schicksal ich entgangen bin. Die sind ein Gepäck, das ich immer noch mit mir herumtrage. Dazu die Bilder meiner Eltern, standhaft gegen Nazi-Verführung, aber dann von Russen erstochen, meiner Mutter wegen. Was aber hatten wir selbst in Russland angerichtet? So bin ich dazu gekommen, in der Friedensbewegung gegen die *»Krankheit Friedlosigkeit«*, wie Carl Friedrich von Weizsäcker sie genannt hat, zu forschen und zu kämpfen.

1 Übersicht

1967 hat Carl Friedrich von Weizsäcker auf der 100-Jahr-Feier der Bodelschwinghschen Anstalten in Bethel seine berühmte Rede über »Die Friedlosigkeit als seelische Krankheit« gehalten, d. h. an dem Ort, an dem Pastor Bodelschwingh erwirkt hatte, dass die seiner Obhut anvertrauten geistig Behinderten und psychisch Kranken von Abtransport und Tötung im Rahmen der Nazi-Euthanasie-Aktion verschont geblieben waren. »*Friedfertig ist*«, sagte Weizsäcker, »*wer Frieden um sich entstehen lassen kann. Das ist eine Kraft, eine der größten Kräfte des Menschen. Ihr krankhaftes Aussetzen oder Verkümmern, fast stets bedingt durch mangelnden Frieden mit sich selbst, ist die Friedlosigkeit. Friedlosigkeit ist eine seelische Krankheit.*« Weizsäcker war Naturwissenschaftler und Philosoph, kein Psychiater oder Psychologe. Er hat begriffen, dass Friedlosigkeit nicht aus einer Naturanlage stammt, auch nicht aus zwangsläufigen Umständen unseres Zusammenlebens, sondern dass sie von den Menschen in krankhafter Weise herbeigeführt wird. So habe auch ich gelernt, sie zu verstehen. Nun ist der 85. Geburtstag für mich ein Anlass, rückschauend an Analysen, Begegnungen und eigenem Engagement die Abstürze in Friedlosigkeit und den Kampf für eine Gesundung zu Friedfertigkeit und Humanität zu überdenken. Wie kann es besser werden?

Als ich 1933 in ein Berliner Gymnasium eintrat, hatten unmittelbar zuvor zwei große Geister, Einstein und Freud, in einer Korrespondenz gemeinsam über Entstehung und mögliche Verhinderung von Krieg nachgedacht. Dieser Dialog hat mich später als jungen Psychoanalytiker gefesselt – wegen der Einsichten, aber auch wegen der Ahnungslosigkeit der beiden großen Geister am Vorabend eines der schlimmsten Ausbrüche der Krankheit Friedlosigkeit in der jüngeren Geschichte. Deshalb stelle ich dieses Gespräch an den Anfang des Bandes: **Einstein-Freud: Warum Krieg? Neu gelesen** (S. 29).

* * *

Dann kam der Krieg über mich und mit ihm Verrohung, Schuld, Angst, Trauer, Leiden. Lebenslang verfolgte mich die Frage: Wie konnte die ärztliche Ethik des Helfens in das Gegenteil einer Lehre von der Vernichtung sogenannten »unwerten Lebens« als Heilsaufgabe pervertieren? Eine Rede über **»Medizin und Gewissen«** (S. 45) erinnert an das unfassbare Geschehene als düsterste Manifestation pathologischer Friedlosigkeit.

* * *

Alexander und Margarete Mitscherlich wurden für mich Wegweiser zu einer psychoanalytischen Erinnerungsarbeit. Ein **Einladungsvortrag in Paris würdigt Mitscherlich** (S. 61) als mutigen Aufklärer, der das Eingestehen gemeinsamer Schuld nicht als rufschädigend, vielmehr als befreiend von einer unausgesprochenen Vertrauenskrise verstand. Ich habe ihm viel zu verdanken.

* * *

Als engagierter psychoanalytischer Familientherapeut beobachte ich seit den 50er Jahren, wie psychische Störungen der Kinder vielfach das ausdrücken, was ihre Eltern an eigenen unverarbeiteten inneren Brüchen mit sich tragen (»Eltern, Kind, Neurose«, »Patient Familie«). Inzwischen herangewachsen, macht die 68er Jugend ihrem angestauten Unwillen Luft. Die Protestbewegung teilt sich in zwei auseinander driftende Flügel. Der eine, der größere, bricht nach einer kurzen reinen *Anti*-Phase zu einer Vielfalt von *Pro*-Projekten auf: psychoanalytischen Eltern-Kind-Gruppen (Kinderläden), Frauengruppen, Gemeinwesenarbeit in sozialen Brennpunkten, psychosozialen Arbeitsgemeinschaften auf dem Lande, Psychiatrie-Reform, Sozialtherapie in Haftanstalten usw. Als Beispiel für solch ein reformistisches Projekt skizziere ich kurz ein bekannt gewordenes psychoanalytisch begleitetes *Kooperationsmodell von ausgegrenzten Familien mit Studenten in einem sozialen Brennpunkt.*

Das Wunder einer Verwandlung in vier Jahrzehnten (S. 79).

* * *

Das Gegenstück bildet die von revolutionären Ideen besessene Protestjugend, die direkt das System in Gestalt seiner führenden Repräsentanten angreifen will. Losung: Macht die kaputt, die euch kaputt machen! Aber in manchen, die im RAF-Terrorismus landen, lässt sich psychoanalytisch eine Generationenverkettung von nazi-traumatisierten Eltern mit Töchtern oder Söhnen nachweisen, in denen die unbewusste Fantasie lebt, mit ihren Morden den unausgelebten Widerstand ihrer Eltern nachzuholen. So ernten z. B. Gudrun Ensslin und Birgit Hogefeld väterliche Bewunderung für ihre RAF-Karrieren. Und ich selbst verstehe im Verlauf zehnjähriger Betreuung der gefangenen Birgit Hogefeld die Mitverantwortung meiner Generation für die Ermöglichung mancher Biografien, die in unentschuldbare Verbrechen geführt, aber gelegentlich auch die Rückbesinnung auf volle Schuldeinsicht und Friedfertigkeit möglich machen. Dieses Thema behandelt ein Vortrag: **»Das Unbehagen am deutschen Herbst – zur Verarbeitung der RAF-Geschichte in psychoanalytischer Sicht«** (S. 85).

* * *

50 Jahre währt der Kampf für eine Humanisierung unserer Kultur am Rande des Absturzes in eine gemeinsame nuk-

leare Selbstzerstörung. Zwei Anführer und Wegbegleiter kennzeichnen diesen Kampf: *Günther Anders* als philosophischer Vordenker und *Andrej Sacharow* als Kronzeuge für die überfällige Umkehr von einem naturwissenschaftlich gestützten Allmachtswahn zu einer menschlichen Friedenskultur. Seine persönliche Wandlung als Erfinder der russischen Wasserstoffbombe zum leidenschaftlichen Kämpfer für eine atomwaffenfreie Welt habe ich am Ende in persönlicher Nähe miterlebt. Immer wieder Rückschläge – aber warum dennoch Hoffnung auf Heilung? Das ist das Thema eines Vortrages »**Atomrüstung und Menschlichkeit**« auf Einladung der Hamburgischen Akademie der Wissenschaften (S. 105).

※ ※ ※

Die Amerikaner haben es fertiggebracht, aus Hiroshima eine Ruhmesgeschichte zu machen und inzwischen die eigene nukleare Übermacht als Versicherungsschutz für sich selbst und die Freunde auszugeben. Natürlich wird die Krankheit Friedlosigkeit momentan erträglicher, wenn man sich auf der Seite der Bedrohenden statt der Bedrohten zu wissen glaubt. So ist seit Längerem eine lautlose Angstverschiebung am Werke. Die zur Vernichtung allen Lebens auf dem Planeten bereite Energie scheint im Westen in sicherer Verwahrung – in Wahrheit so ungesichert wie die Dinosaurier in »Jurassic Park«. »**Es gibt keinen Frieden unter atomarer Bedrohung!**«, lautet das Fazit eines kürzlichen Interviews mit Associated Press (S. 123).

***

Wer die absolute Waffe hat, braucht den absoluten Feind! – diese lapidare Erkenntnis des britischen Physik-Nobelpreisträgers Stuart Blackett erklärt den Zwang für die atomare Supermacht, die selbst ausgeübte unmenschliche Bedrohung jederzeit als Abwehr eines absoluten Feindes rechtfertigen zu müssen. So wie Papst Urban II. vor 900 Jahren das »Gezücht« der Muslime als Schreckgespenst an die Wand malte, um den Eroberungszug nach Jerusalem als Verteidigung gegen das Böse zu heiligen, so vervielfacht der moderne Kreuzzugskrieg gegen »Schurkenstaaten« dort erst den Terrorismus, den es z. B. im Irak vorher gar nicht gegeben hat. Warum will der Westen nicht verstehen, dass er sich selbst Grund für die Angst schafft, die ihm das Recht zu einem Krieg ohne Ende geben soll? Der türkische Friedenspreis- und Literaturnobelpreisträger Orhan Pamuk wirft dem Westen dieses Nicht-verstehen-Wollen und den eigenen Anteil an der geschürten Phobie vor. Ein Zeitungsaufsatz, für einen Vortrag entworfen, behandelt **Islamophobie als eine Manifestation der psychischen Krankheit Friedlosigkeit** (S. 129).

* * *

Die nach uns kommen, können es nur besser machen als wir, wenn wir ihnen den Glauben vorleben, dass es besser werden kann. Werte zu lehren, genügt nicht. Es gilt, für sie zu kämpfen und Gemeinschaften zu suchen, in denen ein weitschauender Verantwortungssinn lebendig ist und das Tun lenkt. So habe ich selbst Anschluss an die globalisierungskritische Bewegung gefunden.

Diese Bewegung wächst in allen fünf Kontinenten heran. Sie sagt: Eine andere Welt ist möglich. Mir kommt Immanuel Kant in den Sinn, der als 74-Jähriger die begeisternde Wirkung der Ideen der Französischen Revolution bis in die Nachbarvölker hinein erlebte. Möge die Revolution auch am Ende scheitern – der Enthusiasmus allein bezeuge in seiner Richtung aufs Moralische eine Anlage in den Menschen, die auf ein mögliches Fortschreiten zum Besseren hindeute. Mit ähnlicher Hoffnung blicke ich auf die Globalisierungskritiker und berufe mich auf Selbstzeugnisse, von der Fotografin Katharina Mouratidi in drei Jahren von 50 Mitgliedern aus 43 Ländern gesammelt. *»Warum tust du, was du tust?«*, lautet die Frage, die ihr alle beantworten. Nebst einer kurzen Biografie präsentieren sich die 50 als lebensgroße Fotoporträts auf einer Ausstellung, die zurzeit rund um die Welt reist.

Die Verbundenheit mit dieser Bewegung hat mich ermutigt, die Einladung vom Kulturwissenschaftlichen Institut Essen zu einem Vortrag anzunehmen über das Thema: **»Welchen Menschen braucht die Zukunft?«** (S. 139).

* * *

Das führt zum Thema Schule. Ich habe es nicht leicht, die heutige Schule zu verstehen, so wie sie Lehrer-

und Schülerschaft in Trainingszentren versammelt, in denen Kindheit immer mehr von den Maßstäben der erwachsenen Leistungswelt vereinnahmt wird – so als wäre Kindheit keine eigene Kultur, vielmehr bloße Vorstufe für eine spätere eigentliche Wirklichkeit, für die Kinder verwertbar gemacht werden sollen. Trotz zweier Lehrer-Enkelinnen weitgehend unvertraut mit dem modernen Lehr- und Lernbetrieb, freue ich mich dennoch, verschiedentlich zu Schulen eingeladen zu werden – zu Jubiläen, aber gelegentlich auch von interessierter Schüler- oder Lehrerschaft. Danach kommt es mir oft so vor, als hätte ich von den Jugendlichen mehr zurückbekommen als ihnen gegeben. Vielleicht weil sie mich eine innere Nähe spüren lassen, die sie genauso überrascht wie mich. So geschieht es z. B. nach einer **Rede zum 175. Jubiläum der Sophie-Scholl-Schule in Berlin** (S. 157). Daher kommt die Gewissheit, dass es ein Weiterleben des Wichtigsten aus dem eigenen Innern in den Nachfolgenden gibt.

2 Einstein und Freud über den Krieg

nach einem Vortrag im Bruno Kreisky-Forum, Wien 2005

Als Albert Einstein 1932 die Anregung des *Internationalen Instituts für geistige Zusammenarbeit* des Völkerbundes aufgreift, sich mit einem frei gewählten Partner über ein Thema, das für die geistige Welt und den Völkerbund wichtig sein könnte, auszutauschen, wendet er sich an Sigmund Freud mit der Frage: »*Gibt es einen Weg, die Menschen vom Verhängnis des Krieges zu befreien?*« Der zeitlebens antimilitaristisch engagierte Einstein muss wissen, dass sein Partner der Politik gegenüber bisher eine sehr viel größere Zurückhaltung geübt hat als er. Er selbst hatte 1914 mit drei anderen Wissenschaftlern einen Appell *gegen* den berühmten militaristischen *Aufruf an die Kulturwelt* von 93 prominenten deutschen Wissenschaftlern, Intellektuellen und Künstlern unterschrieben. Seit 1922 hatte er trotz mancher Entmutigung immer wieder dem Völkerbund zugearbeitet, weil er überzeugt war, dass die Abschaffung des Krieges nur durch eine supranationale Organisation vorangetrieben werden könne.

Freud hatte es lange vermieden, politische Stellungnahmen abzugeben, geschweige denn, sich aktiv zu betätigen. 1920 hatte er am preußischen Militarismus noch bemängelt, im großen Weltkrieg den libidinösen Faktor ganz unpsychologisch vernachlässigt zu haben. Die Kriegsneurosen der Soldaten seien weitgehend durch lieblose Behandlung der Untergebenen seitens ihrer Vorgesetzten entstanden. Wörtlich schrieb Freud:

> *»Bei besserer Würdigung dieses Libidoanspruches hätten wahrscheinlich die phantastischen Versprechungen der 14 Punkte des amerikanischen Präsidenten Wilson nicht so leicht Glauben gefunden, und das großartige Instrument wäre den deutschen Kriegskünstlern nicht in der Hand zerbrochen«* (S. Freud, Bd. XIII, S. 103).

Hätten die deutschen Soldaten also besser weiterkämpfen sollen? Inzwischen hatte sich Freud allerdings als Pazifist erklärt und gemeinsam mit Einstein, Thomas Mann, Bertrand Russell und anderen Intellektuellen 1930 das internationale *Manifest gegen die Wehrpflicht und die militärische Ausbildung der Jugend* unterschrieben. Dennoch interpretieren Einstein und Freud, entsprechend ihrer voneinander abweichenden Grundeinstellungen, die Aufgabe ihres Dialogs unterschiedlich. Einstein erkundigt sich nach der Möglichkeit, *»die psychische Entwicklung der Menschen so zu leiten, dass sie den Psychosen des Hasses und des Vernichtens gegenüber widerstandsfähiger werden«*. Freud überschreibt seine Antwort lapidar mit »Warum Krieg?«. Einstein fragt, was kann getan werden, dass es anders wird? Freud fragt: Warum ist es so, wie es ist?

Einstein beginnt seine Ausführungen damit, »*mächtige psychologische Kräfte*« anzuprangern, die die Staaten an der gemeinsamen Unterwerfung unter eine übernationale Organisation hindern, die zur Erzwingung friedlicher Konfliktregelungen befugt und imstande sein müsste. Zwei solche verhängnisvollen Kräfte, meint Einstein, liegen offen zutage: erstens die nationalen Egoismen einer Herrschaftsschicht und zweitens eine in allen Völkern wirkende Minderheit, die mit sozialer Rücksichtslosigkeit Krieg, Rüstung und Waffenhandel zur Anhäufung ökonomisch-materieller Macht für sich selbst ausnutze. Aber wie bringen es diese Minoritäten zuwege, die Massen, die durch Kriege nur zu verlieren und zu leiden haben, zu »willenlosen Werkzeugen« ihrer Gelüste zu machen? Schule, Presse und meistens auch die religiösen Organisationen seien ihnen vielfach zu Diensten. Aber es müsse wohl in den Menschen eine Anlage zu hassen und zu vernichten geben, die bis zur Raserei und Selbstopferung entfesselt werden könne. Solche Anfälligkeit beschränke sich jedoch nicht auf die sogenannten »*Ungebildeten*«, fügt Einstein rasch hinzu. Nach seiner Erfahrung sei die sogenannte »*Intelligenz*« für derartige Beeinflussung sogar eher noch empfänglicher. Wenn er den Krieg unter den verschiedenen Formen von Gewalt neben Bürgerkrieg und Verfolgung nationaler Minderheiten besonders hervorhebe, so deshalb, weil sich an dieser zügellosesten Ausprägung der Aggression die Chance der Vermeidung vielleicht am ehesten demonstrieren lasse.

Freud hingegen bemüht sich in seiner Antwort sogleich um eine Erklärung, warum er die von Einstein gestellte, ganz unzweideutig praktische Frage nach den psychologischen Möglichkeiten der Kriegsverhütung nicht zu behandeln gedenke. Indirekt mahnt er Einstein sogar höflich, beider Inkompetenz für eine Aufgabe anzuerkennen, die den Staatsmännern, nicht den Wissenschaftlern zufalle. Offensichtlich geht es ihm vor allem um die Rechtfertigung des eigenen Rückzugs auf eine theoretische Position, nach der die Psychoanalyse vorrangig für die innere psychische, nicht für die äußere materielle Realität zuständig sei.

Weit ausholend verfolgt Freud den Kulturprozess im allmählichen Wandel von Gewalt- zu Rechtsverhältnissen, in denen allerdings nach wie vor legale Gewaltakte die Rechtsordnung sichern müssten. Die eigentliche Stärke größerer Gemeinschaften stellten jedoch Gefühlsverbindungen unter den Mitgliedern her – so wie es die Moralphilosophen des 18. Jahrhunderts gelehrt hatten. Nur seien Machtungleichheiten ein ständiges Konfliktthema und Grund für Rückfälle von der Rechtsherrschaft in die Gewaltherrschaft. Eine sichere Verhütung von Kriegen sei jedoch nur durch die Einigung der Menschen zur Einsetzung einer Zentralgewalt möglich, *»welcher der Richtspruch in allen Interessenkonflikten übertragen wird«*. Der entscheidende Punkt sei allerdings die *»Zuteilung eigener Macht«* an diese Instanz. Und solche habe man dem Völkerbund eben nicht verliehen. Dieser verdiene nur Achtung in Anerkennung des Wagnisses, der Institution die Erlangung hinreichender Autorität auf ideeller Basis zuzutrauen. Aber solche ideellen Kräfte hätten eben keine ausreichende gemeinsame Durchsetzungsfähigkeit hervorgebracht. Hier trifft sich Freud mit Einstein, ohne aber auf die von diesem spezifisch beschuldigte gefährliche Minorität einzugehen, die den Frieden bedrohe, nämlich jene materialistisch-ökonomische Herrschaftsschicht, die von Krieg, Waffenproduktion und -handel profitiere. Der Dissens wird schweigend umgangen.

Umso bereitwilliger lässt sich Freud im Folgenden auf die Einladung zur Erläuterung seiner Triebtheorie ein. Mit »*etwas Aufwand von Spekulation*« sei er darauf gekommen, dass gegenüber dem Eros, dem Trieb der Bindung und der Förderung des Lebens, ein Trieb der Auflösung des Lebens als Todestrieb im Menschen arbeite. Die nach außen gerichtete Aggression entstamme demnach diesem Todestrieb. Kehre sich die Aggression nach innen, entstehe Selbsthass. Sogar das Gewissen wagt Freud von dieser verinnerlichten Aggression abzuleiten. Zu starke Verinnerlichung könne man in biologischer Sicht durchaus als ungesund bezeichnen. Vergröbert gesagt: Wer nicht leiden will, kann sich durch Hassen erleichtern. Wer nicht hassen will, muss leiden. Jedenfalls könne man die Aggression als solche nicht abschaffen. Man könne sie nur soweit ablenken, »*dass sie nicht einen Ausdruck im Kriege finden muss*«. In seiner mythologisierenden Sprache benennt Freud wiederum den Eros als Inbegriff der psychischen Bindungskräfte, die der Destruktivität entgegenwirken könnten.

Unvermittelt greift er die Bemerkung Einsteins über die Instrumentalisierung der Massen für die egoistischen Interessen herrschender Minderheiten auf. Freud bezieht sich auf »*eine Klage von Ihnen über den Missbrauch der Autorität*«. Hier hakt er ein und nennt eine »*übergroße Mehrheit der Menschen als von Geburt auf abhängig und einer Autorität bedürftig, welche für sie Entscheidungen fällt, denen sie sich meist bedingungslos unterwerfen*«. Folgerichtig hält es Freud für geboten, künftig mehr Sorge auf die allein mit Führungsqualitäten ausgestattete Oberschicht aufzuwenden – womit er Einsteins Bemerkung ignoriert, wonach die sogenannte Intelligenz zumindest genauso manipulierbar und aufhetzbar sei wie die Schicht der Ungebildeten. Es ist die einzige Passage, in der Freud für einen Augenblick die Linie der theoretischen Analyse verlässt, um indirekt für sein autoritär konservatives Gesellschaftsmodell zu werben. Es kann ihm kaum entgangen sein, dass Einstein als Sympathisant des Sozialismus von der Gleichheit der Menschen ausgeht und demzufolge der einseitigen Förderung einer Oberschicht schwerlich zugeneigt sein wird.

Kaum dass die Unstimmigkeit in den Gesellschaftsbildern aufgeblitzt ist, sucht Freud den Gleichklang in einem versöhnlichen »Wir«:

> »*Warum empören wir uns so sehr gegen den Krieg, Sie und ich und so viele andere? Warum nehmen wir ihn nicht hin wie andere der vielen peinlichen Notlagen des Lebens? Er erscheint doch naturgemäß, biologisch wohl begründet, praktisch kaum vermeidbar.*«

> *»Ich glaube, der Hauptgrund, weshalb wir uns gegen den Krieg empören ist, dass wir nicht anders können. Wir sind Pazifisten, weil wir es aus organischen Gründen sein müssen. Wir haben es dazu leicht, unsere Einstellung durch Argumente zu rechtfertigen.«*

Hier spricht er nun tatsächlich Einstein aus der Seele. Denn dieser hat an anderer Stelle bekannt:

> *»Mein Pazifismus ist instinktiver Natur – ein Gefühl, von dem ich besessen bin. Der Gedanke des Mordes an einem menschlichen Wesen erfüllt mich mit Abscheu. Meine Haltung ist nicht von intellektueller Theorie, sondern von einem tiefen Widerwillen gegenüber jeglicher Art von Grausamkeit und Hass motiviert.«*

Aber sind diese Empörung und dieser Abscheu nicht vielleicht Ausdruck eines allgemeinen Einstellungswandels, den der langsam voranschreitende Kulturprozess mit sich bringt? Exakt diese Annahme versucht Freud zu belegen. Er denkt an eine *»organische Entwicklung«*, die allmählich körperliche und psychische Veränderungen hervorrufe, auch Wandlungen ethischer und ästhetischer Ideale. Zwei Merkmale dieses Prozesses erscheinen Freud als die wichtigsten: *»die Erstarkung des Intellekts, der das Triebleben zu beherrschen beginnt, und die Verinnerlichung der Aggressionsneigung mit all ihren vorteilhaften und gefährlichen Folgen.«* In der Empörung gegen den Krieg spiegle sich dessen greller Widerspruch zu dem vom Kulturprozess auferlegten Einstellungswandel wider. Rechne man die berechtigte Angst vor den schlimmen Folgen eines zukünftigen Krieges hinzu, so könne man vielleicht doch die nicht unbedingt utopische Hoffnung wagen, dass dem Kriegführen irgendwann ein Ende gesetzt werden könne. Mit einem herzlichen Gruß und der Bitte um Verzeihung, falls seine Ausführungen Einstein enttäuscht haben sollten, beendet Freud seinen Brief.

* * *

Lässt man nach 76 Jahren diesen aufregenden Briefwechsel auf sich wirken, erscheint einiges nach wie vor überzeugend, anderes eher befremdlich, eines aber auf jeden Fall bedrückend: Mitten in einer Phase militärischer und terroristischer Aktionen steht es um die von Freud vorsichtig optimistisch geschätzten Aussichten für ein künftiges Ende des Kriegführens eher schlechter. Welche Gültigkeit unsere inzwischen gewonnenen Einsichten beanspruchen können, ist unsicher. So müssen wir damit rechnen, dass unsere heutigen Einschätzungen genauso einer baldigen Überprüfung bedürfen werden wie jene der beiden großen Geister von 1932.

In meinem Kommentar möchte ich mich auf einige markante Punkte des Briefwechsels beziehen: erstens auf die vermutete Verbindung zwischen Krieg und der aggressiven Triebnatur des Menschen. Zweitens möchte ich einen von beiden Briefpartnern nicht in Betracht gezogenen, zur gleichen Zeit von den Nazis hochgelobten Kriegsgrund nachtragen, der zum fatalen

Erziehungsprinzip für eine ganze Generation wurde: Krieg als angeblich unentbehrliches Erziehungsmittel zu männlich-heldischer Bewährung. Drittens werde ich kurz kritisch über Freuds Annahme einer Erstarkung des Intellekts, der das Triebleben zu beherrschen beginne, nachdenken. Und abschließend erscheint es mir sinnvoll, noch ein Wort zur Einmischung der Psychoanalyse in die Diskussion über die Motivation von Kriegen zu sagen.

Obwohl Einstein sehr deutlich nationalistisch herrschaftliche und ökonomische Profitinteressen als den Krieg fördernd herausgestellt hat, nennt er als das tiefste Problem des kriegsbegünstigenden Wirkungskomplexes die »*Psychosen des Hasses und Vernichtens*«, weswegen er gerade Freud als den »*großen Kenner der menschlichen Triebe*« anspreche. Freud erläutert daraufhin seine Triebtheorie, ohne aber an irgendeiner Stelle die These zu bekräftigen, dass Kriege die direkte Folge der aggressiven Triebnatur des Menschen seien. Tatsächlich hat die Verhaltensforschung inzwischen eindrucksvoll belegt, dass sich der Mensch keinesfalls auf einen ihm gleich den Tieren eingeborenen Aggressionsinstinkt berufen kann, wenn er mörderische Kriege anzettelt. Der Verhaltensforscher und Nobelpreisträger Nikolas Tinbergen hat dies unzweideutig formuliert:

»*Einerseits ist der Mensch mit vielen Tierarten insofern verwandt, als er mit seinen eigenen Artgenossen kämpft. Andererseits jedoch ist er unter den Tausenden von Arten, die Kämpfe ausfechten, der einzige, bei dem diese*

Kämpfe zerstörend wirken. Die menschliche Spezies ist als einzige eine Spezies von Massenmördern, und der Mensch ist das einzige Wesen, das seiner eigenen Gesellschaft nicht angepasst ist.«

Dementsprechend nennt der Physiker und Philosoph Carl Friedrich von Weizsäcker in seiner berühmt gewordenen Rede von 1967 »*die Friedlosigkeit eine seelische Krankheit*«. Unter den Psychoanalytikern, die mit der Kriegsbegründung durch den Aggressionstrieb am schärfsten ins Gericht gegangen sind, hat sich Erich Fromm mit seinem Werk *Die Anatomie der menschlichen Destruktivität* (1974) hervorgetan: »*Die These, dass der Krieg durch eine angeborene menschliche Destruktivität verursacht werde, ist einfach absurd für jemand, der auch nur die geringsten geschichtlichen Kenntnisse besitzt.*« Seit dem Reich der Babylonier hätten Staatsmänner Kriege immer nur aus Gründen geplant, die sie für realistisch hielten, auch wenn sie sich in ihren Einschätzungen vielfach getäuscht hätten.

Dennoch lässt sich kaum übersehen, dass bis in die Gegenwart hinein Beispiele von Kriegen auftauchen, in denen tatsächlich Hass, Rachsucht und Vernichtungsdrang in eine fast psychotische Raserei ausarten, von der Einstein gesprochen hat. Anders ist die Art, wie Serben, Kroaten und bosnische Muslime, die lange in friedlicher Nachbarschaft gelebt hatten, unvermittelt übereinander herfielen, kaum zu charakterisieren. Auch der Völkermord der Hutus an den Tutsis in Ruanda und die jüngsten Massaker im Sudan lassen sich in diese Kategorie einordnen.

Es fällt auf, dass Freud ein oft diskutiertes Kriegsmotiv nur beiläufig streift, weil es ihm anachronistisch erscheint. Er stellt fest, *»dass der Krieg in seiner gegenwärtigen Gestaltung keine Gelegenheit mehr gibt, das alte heldische Ideal zu erfüllen ...«*. Aber hier täuscht er sich. Gerade als er dies niederschreibt, erhebt der Nationalsozialismus in Deutschland den Krieg wieder zum unentbehrlichen »Mittel der männlich-heldischen Erziehung zur Bewährung für die Einzelnen wie besonders für die Nationen« (Großer Brockhaus, hg. 1933). Dies ist eine deutsche Reaktion auf die kränkende Kriegsniederlage 1918 und auf den demütigenden Versailler Vertrag. Es wird sich zeigen, dass dieser Mythos von Krieg als großartiger Mannhaftigkeitstest zählebiger ist, als sich das Freud und Einstein in jenem Moment vorstellen. Beide führen ihren Dialog in der als selbstverständlich erkannten Annahme, dass der Krieg absolut verwerflich sei. Daher erscheint ihnen die Gegenposition einer Wünschbarkeit des Krieges zur Entfaltung heroischer männlicher Tugenden absurd und obsolet. In Wirklichkeit lebt der Mythos indessen fort, dass männliche Vollwertigkeit nicht anders als im heroischen Kampf gegen Manifestationen des Bösen errungen werden könne. Das jüngste Beispiel solcher Inszenierung wurde gerade im Irakkrieg vorgeführt. Saddam Hussein musste als Feuer speiender Drache dämonisiert werden, um Bush mit seiner Truppe als tapferen Retter vor einer Weltbedrohung erscheinen zu lassen. Erwies sich dann, dass der Bösewicht weder die ihm angedichteten Waffen besaß noch mit dem islamistischen Terrorismus zu tun hatte, zählte nur noch, dass der Präsident seine Rolle als kühner mannhafter Tatmensch gut ausgefüllt hatte. Es gibt also nicht nur die Frage: Wie kann man Feindschaften ohne kriegerische Gewalt überwinden? Sondern auch die entgegengesetzte Frage: Wie kann man immer wieder Repräsentanten des Bösen ausfindig machen, um heroisch siegen zu können? Oder: Wie kann eine westliche Männergesellschaft ihre pubertäre Entmännlichungsangst überwinden, um nicht mehr solche High-Noon-Szenarien zum Selbstbeweis nötig zu haben? Natürlich diente der Irakkrieg uneingestanden vor allem der Eroberung der Ölquellen. Aber ohne Tarnung der kolonialistischen Aggression als heroisches Befreiungsstück wäre das Unternehmen noch schwerer durchsetzbar gewesen.

Es bleibt noch, über Freuds Vermutung nachzudenken, wonach der Kulturprozess langfristig auf ein Erstarken des Intellekts bei gleichzeitiger Schwächung des Trieblebens hinarbeite. Die rasanten Fortschritte der naturwissenschaftlich-technischen Revolution in der Moderne mag man als Ausdruck eines erstarkenden Intellekts interpretieren. Zu dessen Erfolgen wären dann u. a. die Erfindungen zielgenauerer und intelligenterer Waffen zu zählen sowie solcher mit einer gigantischen Vernichtungswirkung. Genau genommen sind diese Errungenschaften indessen erst sekundär Erzeugnisse des Intellekts, der primär vom Herrschaftswillen gelenkt wird. Dieser hat sich stärker auf die Weiterentwicklung von Waffen konzentriert. Dazu müssen enorme Summen in die Militärforschung fließen, die wiederum von der Politik genehmigt werden müssen. Und gebraucht werden Wissenschaftler, die keine Skrupel haben, fortgesetzt schlimmere Tötungsmaschinen zu ersinnen und zu produzieren. Wenn Einstein später einen Brief an seinen Präsidenten mit der Empfehlung unterschreiben wird, die Atombombe zu bauen, geschieht das aus der Furcht heraus, Hitler könne den Amerikanern zuvorkommen. Immer wieder wird er später beteuern, dass er nie den Einsatz der Bombe gegen wehrlose Menschen gebilligt hätte. Er wird seinen Brief den schlimmsten Fehler seines Lebens nennen und fortan für eine vollständige atomare Abrüstung kämpfen.

Bucht man die Erfindung immer verheerenderer Zerstörungsmittel als Erfolg des forschenden Intellekts, so geht damit unzweifelhaft eine Schwächung moralischer Widerstandskräfte einher. Die Hortung von unmenschlichen Massenvernichtungswaffen ist nur durch die schleichende Ausbreitung einer Ausrottungsmentalität denkbar, wie sie Robert Jay Lifton beschrieben hat. Diese beruht auf einer Abspaltung von Empfindsamkeit und Mitgefühl. Der Abwurf der Atombombe auf Hiroshima und die Flächenbombardements von Städten mit Hunderttausenden von zivilen Toten bedeuten eine enorme Verrohung des High-Tech-Krieges unter gleichzeitiger Verdrängung dieser Verrohung. Dies ist eine geistige Entwicklung, die der einst höchste amerikanische Militär General Omar Bradley anlässlich seiner Pensionierung erschreckend präzise formuliert hat: »*Wir leben im Zeitalter der nuklearen Riesen und der ethischen Zwerge, in einer Welt, die Brillanz ohne Weisheit und Macht ohne Gewissen erreicht hat.*«

Verwundert liest man, dass Freuds Brief an Einstein unter dem Titel *Warum Krieg* 1933, also ausgerechnet in dem Jahr erscheint, in dem Hitler seinen Vernichtungskrieg gegen die Juden beginnt und Freuds Bücher verbrennen lässt. Lebt Freud so weit entfernt von der aktuellen Realität, dass er zwar einen Blick für die Schwächen des Völkerbundes und die Illusionen des Bolschewismus hat, aber die vitale Bedrohung durch den militanten Nationalismus und den mörderischen Rassismus der Nazis ignoriert? Gewiss hat er die Gefahr klar gesehen, hatte er doch selbst in *Massenpsychologie und Ich-Analyse* bereits 1920 die entmündigende Hörigkeitsbindung an eine autoritäre Führergestalt mit entsprechender Gewissensenteignung beschrieben, der sich die Deutschen nun zu ergeben drohten. Also weiß er, was vor seinen Augen geschieht und dass die sich ankündigende Diktatur im Zeichen nationalsozialistischer Allmachtsideen den Menschen nicht nur psychische Unfreiheit, sondern zielstrebig psychische Militarisierung auferlegen wird. So kann man nur vermuten, dass er trotz Nazi-Bedrohung für sein Wiener Institut noch eine Überlebenschance durch strikte politische Zurückhaltung erhofft. Umso wichtiger erscheint indessen die Erwähnung von Freudianern, die zur Zeit des Einstein-Briefwechsels und schon früher den in der Nazi-Ideologie verwurzelten Kriegsgeist schonungslos mit den Mitteln der Psychoanalyse aufdecken und anprangern, wobei sie die Tradition eines gesellschaftskritischen Flügels der Freud-Schüler fortsetzen. Hier sind u. a. Wilhelm Reich mit seiner *Massenpsychologie des Faschismus* (1933) und Freuds Freund Ernst Simmel zu nennen, von dem wenige einschlägige Sätze aus einem noch 1932 (!) gedruckten Vortrag vor Berliner Ärzten zitiert seien:

> *»Die Hitler-Bewegung ist nun, psychologisch gesehen, eine Wiederherstellung des Kriegszustandes für ihre Anhänger. Es herrscht wieder absolute Befehlsgewalt des einen unverantwortlichen Führers, der allen anderen die Verantwortung und damit die Schuldgefühle abnimmt. Der Feind steht wieder außerhalb der Gesellschaft. Diesmal ist es der Jude, der Marxist, der Andersdenkende überhaupt – er ist das Ziel, in Wirklichkeit das Phantom für die Abreaktion aggressiver kannibalistischer Strebungen [...]. Es ist das Geheimnis der Massensuggestion, was diese Bewegung treibt, sie macht gefolgsam, aber auch unselbständig und seelisch krank.«*

Wie Wilhelm Reich musste Ernst Simmel aus Deutschland fliehen. Ich zitiere ihn hier, weil er mit psychoanalytischer Kompetenz zum Thema »Warum Krieg?« Dinge sagt, die Freud wohl so oder ähnlich auch gesagt hätte, wenn er sich nicht aus den gemutmaßten Gründen Zurückhaltung in der Öffentlichkeit auferlegt hätte. Wilhelm Reichs *Massenpsychologie des Faschismus* konnte in Deutschland nicht mehr erscheinen. Als Emigrant bot er in Oslo psychoanalytische Seminare an. Ein sehr interessierter Teilnehmer war der ebenfalls geflüchtete Willy Brandt, wie dieser mir später erzählte.

Simmel hat noch während des Krieges 1944 ein bedeutendes Symposion in San Francisco über Antisemitismus organisiert, an dem neben Psychoanalytikern wie Otto Fenichel die Soziologen Max Horkheimer und Theodor W. Adorno teilnahmen. Es war für lange Zeit die letzte größere Veranstaltung gesellschaftskritischer Psychoanalyse.

Literatur

Bradley, O.: zit. nach Lee Butler, Rede für das Canadian Network to Abolish Nuclear Weapons, 11.3.99.
Einstein, A. (1975): Über den Frieden – Weltordnung oder Weltuntergang. Hrsg. von O. Nathan und H. Norden. Bern (H. Lang).
Freud, S. (1920): Massenpsychologie und Ich-Analyse. Bd. XIII, S. 103.
Freud, S. (1933): Warum Krieg? Bd. XXI, S. 13.
Fromm, E. (1974) Anatomie der menschlichen Destruktivität. Stuttgart (Deutsche Verlags-Anstalt).
Lifton, R. J. & Markusen, E. (1992): Die Psychologie des Völkermordes – Atomkrieg und Holocaust. Stuttgart (Klett-Cotta).
Reich, W. (1933): Die Massenpsychologie des Faschismus. Frankfurt a. M. (Fischer Tb. Verlag), 1974.
Simmel, E. (1932) Nationalsozialismus und Volksgesundheit. In: Der sozialistische Arzt 8, S. 162–172.
Simmel, E. (Hg.) (1946): Antisemitismus. Deutsche Ausgabe 1993, Frankfurt a. M. (Fischer Tb Verlag).
Tinbergen, N.: zit. nach E. Fromm (1974): Anatomie der menschlichen Destruktivität. Stuttgart (DVA).
von Weizsäcker, C. F. (1967): Friedlosigkeit als seelische Krankheit. In: Der bedrohte Friede. München (dtv).

3 Medizin und Gewissen

nach einem Vortrag auf einem gleichnamigen IPPNW-Kongress 50 Jahre nach dem Nürnberger Ärzteprozess 1996

Wir erinnern uns, dass es ärztliche Erbforscher und Psychiater waren, die Hitler 1933 als Partner für die Umsetzung einer Heilslehre begrüßten, die zur Ausschaltung angeblich schädlichen Erbgutes aus dem sogenannten Volkskörper führen sollte. Sie waren die geistigen Väter eines Gesetzes zur Verhinderung erbkranken Nachwuchses, das Hitler bei seinem Machtantritt übernahm. Erbgesundheitsgerichte, in denen jeweils zwei Ärzte neben einem Richter wirkten, verurteilten in den Folgejahren 350.000 bis 400.000 Menschen zur Zwangssterilisierung. Ärzte waren es, die nach 1939 für die im Geheimen und ohne Gesetz verfügte Ermordung von 5.000 geistig behinderten oder gelähmten Kindern und später von mehr als 100.000 erwachsenen psychisch Kranken und sogenannten Asozialen sorgten. Ärztliche Wissenschaftler führten an KZ-Gefangenen jene grauenhaften Menschenversuche durch, die unter anderem Gegenstand des Nürnberger Ärzteprozesses vor 50 Jahren wurden.

Es lässt sich nicht ohne Entsetzen ins Auge fassen,

was Ärzte, die zum Schutz von Gesundheit und Leben verpflichtet sind, zur Vernichtung von Gesundheit und Leben beigetragen haben. Aber Entsetzen und Entrüstung genügen nicht zur Stärkung der Widerstandsfähigkeit. Auch nicht, dass wir uns gegenseitig versichern, jene abscheulichen Konzepte und Taten seien uns unfassbar. Unserer Resistenz können wir uns nur dadurch versichern, dass wir Einsicht in die seinerzeit wirksamen Motive gewinnen und erst dadurch erkennen, auf welche möglichen eigenen Anfälligkeiten wir zur Prävention zu achten haben.

Aber wo lagen die Motive?

Wir finden unter den Tätern, zumal unter den in Nürnberg verurteilten, grausame, skrupellose Menschen. Aber in ihrer großen Mehrheit boten die schuldig gewordenen Ärzte keine auffallenden disponierenden Persönlichkeitsmerkmale. Sie versagten aus überindividuellen geistigen und sozialen Zusammenhängen heraus. Sie übernahmen gemeinsam eine tragende Rolle in einer Gesellschaft, die sich einer zutiefst inhumanen Ideologie verschrieben hatte. Wie große Scharen anderer Berufsgruppen spielten sie willig ihren Part in einem von vornherein auf Destruktivität ausgerichteten System, zum Teil in vorderster Front als geistige Wegbereiter, zum Teil in dumpfer Gleichschaltung.

Zu den Wegbereitern gehörten medizinisch promovierte Anthropologen, die Hitler halfen, seine rassistischen Vernichtungspläne als ein quasi medizinisches Heilsrezept auszugeben. Sie lieferten die Idee von dem vermeintlich kranken Volkskörper, der durch Entfernung von schädlichen Erbanlagen kuriert werden müsse. Zwei der drei Autoren des Standardwerkes *Menschliche Erblehre und Rassenhygiene*, das Hitler 1923 in Landsberg las und das er für sein Vernichtungsprogramm nutzbar machte, wurden später führende Helfershelfer für seine Ausmerzungspolitik. Die Geschichte dieses Buches gibt übrigens einen beispielhaften Hinweis für die Verschmelzung eugenischer und antisemitischer Vorstellungen. Fritz Lenz, Mitautor jenes Lehrbuches, hatte in dessen dritter Auflage 1931 noch geschrieben: »*Den einseitigen ›Antisemitismus‹ des Nationalsozialismus wird man natürlich bedauern müssen. Es scheint leider, dass die politischen Massen solche Anti-Gefühle brauchen […].*« In einer früheren Auflage hatte er die Juden sogar ausdrücklich gegen den Vorwurf ihres angeblich zersetzenden Einflusses verteidigt und verkündet: »*Der jüdische Geist ist neben dem germanischen die hauptsächlichst treibende Kraft der modernen abendländischen Kultur!*« Aber nach Hitlers Machtantritt klang es in der nächsten Auflage 1936 prompt ganz anders. Jetzt plötzlich warnte er vor dem schweren Schaden, den die Juden einem Wirtsvolk durch Zersetzung bereiten könnten, und wörtlich: »*Ein Lebewesen gedeiht besser ohne Parasiten.*« Bis in die entmenschlichende Wortwahl hatte er den Schulterschluss mit dem Regime geschafft. Man kann bei ihm und führenden anthropologischen Kollegen rätseln, was an solchen Wandlungen echt, was opportunistische Anpassung war; entscheidend war, dass sie fortan den rassistischen Verfolgern engagiert zur Seite standen.

Dass seinerzeit eine wie immer biologisch rationalisierte Vernichtungspolitik in der Bevölkerung Anklang finden konnte, mag durch eine schweigende Zeitstimmung gefördert worden sein, durch die untergründige Wirkung von massenpsychologischen Ressentiments, von heimlicher Bereitschaft zu einem auf den Zivilsektor verlagerten Ersatzkrieg, der es erlaubte, an so betrogenen ohnmächtigen Minderheiten wie psychisch Kranken, Juden und Zigeunern Kränkungs- und Minderwertigkeitsgefühle abzureagieren, die sich nach der kürzlichen militärischen und moralischen Demütigung angestaut hatten. Aber wenn diese sozialpsychologische Interpretation stimmen sollte, träfe der Vorwurf die verantwortlichen Ärzte umso härter, nämlich dass sie ihre zu jeder Zeit eindeutige Helfer-Ethik zugunsten einer willfährigen Mittäterschaft verrieten. Was aber trieb sie scharenweise zu dieser geistigen Korrumpierung?

Wie aus einer helfenden eine vernichtende Medizin wurde

Es hat den Anschein, dass viele sich tatsächlich von einem neu erfundenen, im Grunde pervertierten ärztlichen Pflichtbegriff beeindrucken ließen. Dem neuen Volksarzt obliege es, so hieß es, zuallererst dem Schutz der völkischen Blutsgemeinschaft zu dienen, der im Zweifelsfall die Interessen der einzelnen zu opfern seien. Diese Idee, das Ganze höher als das Individuum zu stellen, erweckte den Anschein, die Verantwortung des Arztes auf eine höhere sittliche Ebene zu heben und den ihm abgeforderten Verrat von Scharen schutzwürdiger Individuen in ein edelsinniges Opfer zu verkehren. Die präziseste Formulierung dieses scheinmoralischen Denkmodells fand 1940 der spätere Nobelpreisträger Konrad Lorenz, der ausführte: »*Aus der weitgehenden biologischen Analogie des Verhältnisses zwischen Körper und Krebsgeschwulst einerseits und einem Volk und seinem durch Ausfälle asozial gewordenen Mitgliedern andererseits ergeben sich große Parallelen in den notwendigen Maßnahmen.*« Zum Glück, so fuhr er fort, sei die Ausmerzung schädlicher Elemente für den Volksarzt leichter und für den überindividuellen Organismus weniger gefährlich als der Eingriff am Einzelkörper.

Dieser Gedanke enthielt die Täuschung, der Medizin zwar einen Heilungsauftrag für das Ganze einzureden, aber eben nicht das Ganze zu meinen, sondern nur einen vermeintlich lebenswerten Teil, zu dessen Gunsten sie helfen sollte, den angeblich lebensunwerten Teil unschädlich zu machen. Tatsächlich kollidiert ärztliche Hilfe für Kranke, Behinderte oder Schwache niemals mit dem Wohl einer humanen Kulturgesellschaft. Deshalb ist der ureigene Platz des Arztes stets an der Seite der hilfsbedürftigen Menschen, deren Rechte er, gerade wenn er das Gesamtwohl – was er sollte – mit bedenkt, ganz besonders gegen Stigmatisierung schützen sollte. Denn nur eine helfende und gegen Entsolidarisierung wachsame Gesellschaft ist intakt und psychisch gesund.

Aber die Gesellschaft, die sich Hitler ergab, war in diesem Sinne schon nicht mehr intakt. Die sofort begonnene Massensterilisierung war neben den prompt einsetzenden Maßnahmen gegen die Juden ein erster Schritt zur anbrechenden Entsolidarisierung. Die psychisch Kranken wurden dabei neben den Juden zu einer Hauptzielgruppe der Ausmerzungsstrategie, und ausgerechnet Ärzte sorgten dafür, dass diese Strategie unter dem Tarnnamen Euthanasie später zu einer in der Geschichte einzigartigen ärztlich gesteuerten Massenmordaktion führen konnte. Die Schwächsten und Hilflosesten der Gesellschaft wurden in furchtbarer Weise von denen verraten, die sich speziell zu ihrer Hilfe ausgebildet und verpflichtet hatten. Die Ungeheuerlichkeit dieses Geschehens hinterließ nach dem Krieg eine lange Phase der Sprachlosigkeit. Wer sprechen wollte und sich bemühte, Licht in das Unheimliche zu bringen, stieß auf eine Mauer des Widerstandes. Aber das Unheimliche darf nicht unverstanden bleiben, damit es nicht unerkannt wiederkehrt. Alles modische Reden über medizinische Ethik bleibt unverbindlich, wenn es sich der Erinnerung an jene Geschehnisse versagt.

Daniel J. Goldhagen hat beträchtliche Aufregung mit seiner These gestiftet, eine noch so große Gehorsamkeitsbereitschaft der Deutschen hätte den Holocaust nicht möglich gemacht, wenn nicht eine wie immer auch propagandistisch angeheizte antisemitische Stimmung den Boden dafür bereitet hätte. Ähnlich kann man fragen, ob die industriemäßige Massentötung psychisch Kranker und anderer sozial Unerwünschter nicht ein zumindest halbherziges Einvernehmen von Teilen der Psychiatrie voraussetzte.

Die deutsche antipsychoanalytisch und überwiegend antipsychotherapeutisch eingestellte Psychiatrie hatte im Unterschied zu anderen Ländern keinen wissenschaftlich ermutigenden Weg zum Verständnis psychisch Kranker gefunden. Viele Psychiater fühlten sich ihren Patienten nicht besonders nahe, erlebten sie eher als unangenehmen Vorwurf gegen die eigene therapeutische Erfolglosigkeit. Die Sterilisierungskampagne hatte die Entwertung speziell der psychotisch Kranken bereits besiegelt. Wenn dann die leitenden Psychiater fast geschlossen der sogenannten Euthanasie-Aktion den Weg frei machten, für die es nicht einmal eine gesetzliche Grundlage gab, musste das nicht heißen, dass sie nicht ernstlich widerstehen wollten? Von einem einzigen Psychiatrie-Ordinarius, dem Göttinger Professor Ewald, ist bekannt, dass er in einer Vorbesprechung protestierend Stellung nahm gegen eine, so wörtlich, *»Euthanasie, die mit Euthanasie nichts zu tun hat«*. Es ist ihm nichts weiter passiert, als dass man ihn nicht mehr in die Planungsgespräche einbezog. Hätten seine Ordinarien-Kollegen sich ihm mit ähnlicher Entschiedenheit angeschlossen, wäre die gesamte Aktion kaum durchführbar gewesen.

Für die Überwindung der Hemmschwelle zur direkten Ausführung des Programms bedienten sich die Leiter zweier Mittel: erstens einer ausgeklügelten

Bürokratisierung des Ausleseprozesses mithilfe von unverfänglichen Meldebögen, die fern von den Anstalten gutachtlich und noch einmal obergutachtlich bearbeitet wurden. Die Opfer wurden so systematisch zu bürokratischen Objekten entmenschlicht. Die letztlich Ausführenden wurden unterwiesen, ein inneres Sträuben als Feigheit und Schwäche zu begreifen. Als Hitlers Kanzleichef Brack die höchsten Rechtswahrer des Reiches über die Massenmordaktion ins Bild setzte, sprach er in diesem Sinne von der Notwendigkeit, *»Männer zu finden, die den Mut zur Ausführung und die Nerven zum Aushalten hatten«*. Also kaltes Morden als Heroismus der Selbstüberwindung. Genauso hieß es dann ja auch 1943 in Himmlers berüchtigter Ansprache an die SS-Vernichtungskommandos.

Für den ärztlichen Leiter der Aktion, Professor Heyde, Psychiatrie-Ordinarius in Würzburg, war dieser Mut offenbar kein Problem. Er hatte die Massentötung mitverantwortlich organisiert, verhängte höchstpersönlich als Obergutachter Tausende von Todesurteilen und leitete später eine Ärztekommission, die Konzentrationslager »durchkämmte«, um Kranke, angebliche Psychopathen und Arbeitsunfähige in Liquidationsanstalten umbringen zu lassen. Man mag diesen Mann als extremen Sonderfall ansehen. Das war er aber nicht mehr, als sich um ihn in den Nachkriegsjahren ein bemerkenswerter Schutzwall von kollegialer Solidarität bildete. Dadurch erst wurde der Fall des SS-Standartenführers Professor Heyde ein Lehrstück zum Thema Medizin und Gewissen.

Als Häftling auf einem Transport entwichen, tauchte Heyde als Dr. Sawade 1950 in Flensburg auf, wo er bald als psychiatrischer Gutachter wirkte. Dem Medizinaldirektor, der ihn für die Landesversicherungsanstalt tätig werden ließ, war seine Identität ebenso bekannt wie zumindest drei Psychiatrie-Professoren, dem Psychiatrie-Chefarzt eines Landeskrankenhauses und einem Obermedizinalrat. Die Kunde von seinem Wiederauftauchen drang in weitere Ärztekreise ein. Dennoch erstattete der vermeintliche Dr. Sawade innerhalb von neun Jahren unbehindert nach Schätzungen 6.000 bis 7.000 Gutachten, bis ihn ein Internist, anscheinend aus Verärgerung über einen privaten Konflikt mit der Justiz, auffliegen ließ.

Hätte man Heydes direkte oder indirekte Unterstützer gefragt, warum sie dem Massenmörder solange die Stange gehalten oder zumindest Schweigen bewahrt haben, hätte die Antwort vermutlich gelautet, dass man dem Stand habe einen peinlichen Skandal ersparen wollen. Aber weil dieser auf Dauer ohnehin als unvermeidlich voraussehbar war, wollte wohl nur keiner als Erster den Verrat begehen. Das Gewissen schlug für den Kollegen, weil er ein Kollege war. Aber was da schlug, war eben weniger das echte, sondern ein enteignetes Gewissen, das den Kollegen höher stellte als den Anstifter zu zigtausend Morden und zum Betrug an zigtausend getäuschten Angehörigen. Was sich subjektiv noch als Gewissen meldete, war in Wahrheit die Gehorsamsbereitschaft im sozialen Zusammenhang eines Standes, der Kollegenverrat als höchste aller Unanständigkeiten verwarf und der deshalb mit seinen Sündern meist glimpflicher als mit seinen internen Kritikern verfuhr. Das bekam Alexander Mitscherlich, der Chronist des Nürnberger Ärzteprozesses, gerade in jenen Jahren weidlich zu spüren, in denen Heyde gut abgedeckt seiner anerkannten Gutachtertätigkeit nachgehen konnte.

* * *

»Medizin und Gewissen« ist mein Thema. Was wir Gewissen nennen, hat für unseren Beruf eine besondere Bedeutung. Es ist die ursprüngliche Quelle des Mitfühlens und ein unüberhörbarer Ansporn zum Helfen. Ihm liegt eine allgemein menschliche Anlage zugrunde, die Schopenhauer ein Mysterium und ein Urphänomen genannt hat. Das ist die innere Notwendigkeit, gefühlsmäßig an dem Leiden des anderen Anteil zu nehmen, unmittelbar verbunden mit dem Drang, ihm beizustehen. Im Gewissen steckt eine kategorische Mahnung, aber gleichzeitig ist es ein Wegweiser zu einer tiefen Befriedigung, zur Genugtuung nämlich, wenn das angespornte Helfen stattfinden kann. Diese Genugtuung scheint jedenfalls ursprünglich einer Mehrheit derjenigen vorzuschweben, die den Arztberuf erlernen wollen. So haben Beckmann, Moeller, Scheer und ich jedenfalls empirisch ermittelt, dass Bewerber für das Medizinstudium in ihrer Selbstbeschreibung vergleichsweise durch eine im Durchschnitt erhöhte soziale Sensibilität auffallen. Mehr als die Wähler sonstiger Studienfächer heben sie ihre Sorge um das Wohl anderer Menschen hervor, daher offenbar die Bevorzugung eines Berufes, der ihr Engagement für die Partei der Patienten, das heißt der Leidenden, herausfordert.

Die Gefahr einer gewissenhaften Gewissenlosigkeit

Es gibt eine Gefahr moralischer Korruption, die mit dem Kunststück zusammenhängt, dass der Arzt tagtäglich zwei grundverschiedene Sichtweisen vom Mitmenschen in sich verbinden soll. Da ist einerseits die verdinglichende, naturwissenschaftliche, in der er Daten analysiert und ingenieurhaft reparierend in körperliche Funktionen eingreift. Andererseits ist da die personale Sichtweise, die Viktor von Weizsäcker mit der Formel gemeint hat: »*Medizin ist eine Weise des Umganges des Menschen mit dem Menschen.*« Darin ist der Arzt der sich Einfühlende, der Zuhörende, der am Schicksal und an den Konflikten des anderen Anteilnehmende. Aber der laufend zunehmende Aufwand für das naturwissenschaftliche Sehen und Denken kann für den Arzt bedeuten, dass die vergegenständlichende Betrachtungsweise in ihm Überhand gewinnt; dass er im beruflichen Handeln seine Gefühle weitgehend abschaltet und sie nur noch kompensatorisch im Privatbereich unterzubringen versucht. Robert J. Lifton hat solche Prozesse der Selbst-Spaltung oder der psychischen Dissoziation beschrieben.

Viktor von Weizsäcker gelangte nach Studium der

Dokumente des Nürnberger Ärzteprozesses 1947 in seiner Arbeit *Euthanasie und Menschenversuche* zu dem Fazit: »*Es kann wirklich kein Zweifel darüber bestehen, dass die moralische Anästhesie gegenüber den Leiden der zu Euthanasie und Experimenten Ausgewählten begünstigt war durch die Denkweise einer Medizin, welche den Menschen betrachtet wie ein chemisches Molekül oder einen Frosch oder ein Versuchskaninchen.*« Ähnlich äußert sich Benno Müller-Hill, der im Einbruch der Wissenschaft in die Ebene des sprechenden und Zeichen gebenden Menschen im 18. Jahrhundert den Anfang einer Entwicklung sieht, die am Ende in eine den Menschen entwürdigende Betrachtungsweise der Forschung mündet. »*Denn der Mensch*«, so schreibt er, »*wird in dieser Betrachtungsweise zum gehorchenden Objekt oder Tier reduziert. Das war es, was Psychiater, Anthropologen und Hitler einte.*«

Im Nürnberger Ärzteprozess brachte die Verteidigung die Frage auf, ob man dem Forscherarzt nicht die Befolgung des hippokratischen Eides in der strengen Form erlassen könne, wie diese den praktizierenden Arzt binde. Der amerikanische Gutachter Professor Ivy zeigte sogar Verständnis für diesen Gedanken. Aber Mitscherlich und Mielke wandten in ihrem Kommentar, meines Erachtens mit Recht, ein, »*[...] dass die Trennung in Forscher und Praktiker mit verschiedenem Moralkodex nicht allein den Begriff des Arzttums sprengt, sondern auch zu zwei verschiedenen Humanitätsbegriffen führt*«. Forschende und helfende

Medizin lassen sich weder auf zwei Personen verteilt noch in einer vereint moralisch trennen.

Kompliziert wird das Problem dadurch, dass dem Arzt seine professionelle Spaltung leicht entgehen kann, wenn er nämlich eine gewisse fachliche Partialmoral als die eigentliche erlebt, zum Beispiel die penible Einhaltung von Sauberkeit und Exaktheit in der naturwissenschaftlichen Methodik. Verwerfliche Versuche an Menschen wurden zum Teil von Ärzten vorgenommen, die dabei mit aller gebotenen fachlichen Gründlichkeit und Sorgfalt vorgingen. Es gibt demnach auch eine gewissenlose Gewissenhaftigkeit, mit der man sich selbst trügerisch beschwichtigen kann. Aber die Beschwichtigung ist ungesund, auch schon in der vergleichsweise harmlosen Form der Gefühlsverdrängung im beruflichen Alltag. Diese sollte der Arzt an einem inneren Druck registrieren können, wenn er sich professionell nicht mehr als ganzheitliche Person, sondern nur noch als abgestumpfter Datenauswerter und technischer Macher einlässt. Dann ist es nach meinen Beobachtungen oft nicht bloß Überarbeitung und Stress, sondern es sind eben solche Verdrängungsprozesse, die sich bei Medizinern als Hintergrund von Familienkrisen, Alkoholproblemen und vorzeitigen Verschleißkrankheiten auswirken. Wer als Arzt die Emotionen vollständig von sich abprallen lässt, die als Angst, Sorge und Leiden ihm laufend von den Kranken entgegenfluten, der kann irgendwann auch nicht mehr innerlich wahrnehmen und verarbeiten, was in ihm selbst von dem steckt, was er ständig nach außen abwehrt. Was er verdrängt, schlägt sich auf die Dauer dann eben in psychosozialen oder psychosomatischen Problemen nieder. Wenn Sie meinen, dass meine Beobachtungen zutreffen, dann mögen Sie verstehen, dass mein Referat eher in eine hygienische als in eine ethische Empfehlung ausläuft, da ganz offensichtlich eine Wechselbeziehung zwischen der Menschlichkeit bzw. Unmenschlichkeit des Arztes im Umgang mit sich selbst einerseits und im professionellen Wirken andererseits besteht. Nur wenn er ohne Abspaltung nahe bei sich selbst bleibt, kann er die besondere zwischenmenschliche Nähe, die sein Beruf stiftet, heilvoll nutzen. Lebt er gegen die eigene Natur, wird er auch kaum genügend achtungsvoll und behutsam mit der Natur der anderen umgehen, die seinen Beistand suchen.

Der Jahrestag, der Anlass zu dieser Tagung ist, nötigte mich dazu, an vielfaches ärztliches Scheitern zu erinnern und über dessen Hintergründe nachzudenken. Aber bei der Bewusstmachung von Scham und Schuld sollte nicht außer Acht gelassen werden, dass es in unserem Land auch unter totalitärem Terror eine humanen Grundsätzen treu gebliebene Medizin gegeben hat mit Ärzten, die ungebeugt ihren Dienst am Kranken verrichtet und sogenanntes unwertes Leben vor dem Zugriff des Staates und seiner verantwortungslosen Helfershelfer geschützt haben. Es gab auch Schindlers in der Medizin. So bleibt es eine lohnende Aufgabe für medizinische Zeitgeschichtler, entsprechende Biografien zu sammeln und bekannt zu machen, solange noch Zeitzeugen dabei Hilfestellung leisten können. Das abschreckend Negative darf nicht verdrängt werden. Aber unentbehrlich und letztlich erzieherisch am wirksamsten für junge Mediziner sind Hoffnung stärkende Vorbilder. Solche Vorbilder gerade auch aus der Zeit organisierter Unmenschlichkeit haben vielen von uns Älteren seinerzeit den Weg in einen Beruf gewiesen, der für eine Kultur der Humanisierung von zentraler Bedeutung ist.

Literatur

Baur-Fischer-Lenz (5. Aufl., 1940): Menschliche Erblehre und Rassenhygiene. München-Berlin (J. F. Lehmanns Verlag).
Beckmann, D.; Möller, M. L. & Scheer, J. E. (1971): Studenten – wie sehen sie sich selbst, ihre Arbeit und die Universität? In: Analysen 1,4.
Binding, K. & Hoche, A. (1922): Die Freigabe der Vernichtung unwerten Lebens. Leipzig (F. Meiner).
Dörner, K., u.a. (Hg) (1980): Der Krieg gegen die psychisch Kranken. Rehburg-Loccum (Psychiatrie-Verlag).
Goldhagen, D.J. (1996): Hitlers willige Vollstrecker. Berlin (Siedler Verlag).
Kaul, F.K. (1979): Die Psychiatrie im Strudel der Euthanasie. Frankfurt a.M. (EVA).
Klee, E. (1983): »Euthanasie« im NS-Staat. Frankfurt a.M. (S. Fischer).
Lifton, R.J. (1986): Ärzte im Dritten Reich. Stuttgart (Klett-Cotta), 1988.
Lifton, R.J. & Markusen, E. (1992): Die Psychologie des Völkermordes, Atomkrieg und Holocaust. Stuttgart (Klett-Cotta).
Lorenz, K. (1940): Durch Domestikation verursachte Störungen arteigenen Verhaltens; z.T. angewandte Psychologie und Charakterkunde 59,2.
Mitscherlich, A. & Mielke, F. (1949): Wissenschaft ohne Menschlichkeit, nur ausgeliefert an die westdeutschen Ärztekammern. Heidelberg (Verl. Lambert Schneider). 1960 umbenannt in »Medizin ohne Menschlichkeit«. Frankfurt a.M. (Fischer Bücherei).

Müller-Hill, B. (1984): Tödliche Wissenschaft. Reinbek (Rowohlt TB Verlag).
Schopenhauer, A. (1840): Preisschrift über die Grundlage der Moral. Deutsche Buchgemeinschaft, o.J., S. 300f.
von Verschuer, O. (1934): Erbpathologie, ein Lehrbuch für Ärzte. Dresden, Leipzig (Verlag Steinkopf).
von Verschuer, O. (1941): Leitfaden der Rassenhygiene. Leipzig (G. Thieme Verl.).
von Weizsäcker, V. (1947): Euthanasie und Menschenversuche. Psyche, Band I, S. 68–102.

4 Alexander Mitscherlich und die Deutschen

Vortrag in der Maison Heine, Paris, 05.02.2005

Ich bedanke mich für die ehrenvolle Einladung und freue mich zugleich darüber, dass Alexander Mitscherlich bei ihnen besondere Beachtung findet. Gerade das Buch *Die Unfähigkeit zu trauern*, mit dem sie sich aktuell beschäftigen, bedeutete ihm und seiner Frau sehr viel. Sie haben es den eigenen Landsleuten ans Herz gelegt, aber sich gleichzeitig als Botschafter gefühlt, die der Welt draußen verständlicher machen wollten, wie die Deutschen mit der Vergangenheit umgingen.

Obwohl 15 Jahre jünger als Alexander Mitscherlich, hatte ich mit ihm und Margarete seit den 50er Jahren viele freundschaftliche Berührungen, gerade auch während der Entstehung der *Unfähigkeit zu trauern*. Wie er bin ich ganz entscheidend von Viktor von Weizsäcker beeinflusst worden, der Mitscherlich unter den Nazis geschützt und seine Karriere bis zum Professor für Psychosomatische Medizin an der Universität Heidelberg wesentlich gefördert hat. Mitscherlich und ich haben eng beim Wiederaufbau der Psychoanalyse in Deutschland zusammengearbeitet, er in Heidelberg, später in Frankfurt, ich zunächst in Berlin, später in Gießen. Er war für mich ein Vorbild in seinem gesellschaftskritischen Engagement und in seinem politischen Mut, den er bereits als Widerständler und Verfolgter unter Hitler bewiesen hatte. Was uns später beide noch besonders verband, war die Verteidigung einer psychosomatisch-ganzheitlichen gegen eine einseitig naturwissenschaftliche Medizin.

Mitscherlich hat sich sein Leben lang in erster Linie als Arzt gesehen. Auch in seinen gesellschaftskritischen Schriften findet sich durchgehend ein therapeutischer Akzent. Er beherzigte dabei das Prinzip, das Freud 1910 bei der Gründung der Internationalen Psychoanalytischen Vereinigung formuliert hatte:

> *»Die Gesellschaft muss sich im Widerstand gegen uns befinden, denn wir verhalten uns kritisch gegen sie; wir weisen ihr nach, dass sie an der Verursachung der Neurosen selbst einen großen Anteil hat. So wie wir den Einzelnen durch die Aufdeckung des in ihm Verdrängten zu unserem Feinde machen, so kann auch die Gesellschaft die rücksichtslose Bloßlegung ihrer Schäden und Unzulänglichkeiten nicht mit sympathischem Entgegenkommen beantworten. Weil wir ihre Illusionen zerstören, wirft man uns vor, dass wir die Ideale in Gefahr bringen.«*

Das erste große Projekt, das Mitscherlichs Rolle in der deutschen Gesellschaft und speziell gegenüber der Ärzteschaft prägte, war keine provokative Analyse, sondern nichts weiter als die nüchterne Dokumentation des amerikanischen Prozesses in Nürnberg 1946 gegen die Ärzteverbrechen unter Hitler. Mitscherlich war von den westdeutschen Ärztekammern mit der Beobachtung dieses Prozesses beauftragt worden. Seine spätere Veröffentlichung enthielt nichts anderes als die genauen Gerichtsprotokolle über die schrecklichen Taten. Das waren zunächst die oft tödlich verlaufenden Experimente an KZ-Häftlingen, Unterdruck- und Unterkühlungsversuche, künstliche Fleckfieber-Infektionen, Meerwasser-Trinken usw. Dann ging es um die systematischen Tötungen missgebildeter und geistig schwerbehinderter sowie völlig gesunder jüdischer Kinder in Anstalten. Die sogenannte Euthanasie-Aktion, der 100.000 psychisch Kranke zum Opfer fielen, wurde präzise behandelt. Die Schuldsprüche des Gerichts lauteten auf Kriegsverbrechen und Verbrechen gegen die Menschlichkeit.

Eigenartigerweise tauchten zunächst nur wenige Exemplare der Dokumentation auf. Erst nach Jahren erregte das daraus hervorgegangene Buch *Medizin ohne Menschlichkeit* ein breiteres Publikum[1]. Aus der Fachwelt ergoss sich eine Flut von rufmörderischen Beschimpfungen über Mitscherlich und seinen Ko-Autor Fred Mielke. Mitscherlich notierte: »*Die Anschuldigungen gegen uns nahmen schließlich ein groteskes Ausmaß an, und man konnte glauben, wir hätten das alles, was hier verzeichnet ist, erfunden, um*

---

[1] Die erste Fassung des Berichtes ging unter dem Namen »Wissenschaft ohne Menschlichkeit« nur den Westdeutschen Ärztekammern zu. Unter dem Namen »Medizin ohne Menschlichkeit« erreichte die Dokumentation erst 1960 die Öffentlichkeit.

unseren ärztlichen Stand zu erniedrigen.« Dabei taten Mitscherlich und sein Ko-Autor alles, um sich nicht selbstgerecht über das Übel zu erheben. Großen Wert legte Mitscherlich darauf, dass es nicht allein um 350 verbrecherische Ärzte ging, sondern um den »Apparat«, der diese Unmenschlichkeit möglich machte. Wörtlich schrieb er:

> *»Was aber ist der Apparat? Solange wir nicht diese Frage aufrichtig beantworten, und das kann nur heißen, solange wir uns nicht vergegenwärtigen, wie weit wir selbst ›Apparat‹ waren, haben wir nichts, überhaupt nichts getan, um den Toten dieser furchtbaren Zeit jenen Respekt und jene Aufmerksamkeit zu erweisen, die allein die Brutalität, mit der sie überwältigt wurden, für die Zukunft entkräften kann. Und das ist doch das einzige Zeichen des Dankes, den wir abstatten können, durch eine Erkenntnis, die uns alle einbezieht: Zu verstehen und vorzubeugen.«*

Dieses Bekenntnis beruhigte die Kritiker aber nicht. Denn man konnte und wollte Mitscherlich nicht verzeihen, dass er sich weigerte, über die Sache Gras wachsen zu lassen, dass er vielmehr die Ärzteschaft indirekt aufforderte, sich mit der Vergangenheit offen auseinanderzusetzen. Immerhin hatten alle deutschen Lehrstuhlinhaber und Direktoren psychiatrischer Universitätskliniken widerspruchslos die Massentötung der psychisch Kranken akzeptiert, als sie offiziell von diesem Plan unterrichtet worden waren. Und die Mehrzahl dieser Psychiatrie-Professoren blieb nach dem Kriege unbehelligt im Amt. Man musste den

Eindruck gewinnen, dass es auch der breiten Öffentlichkeit eher peinlich war, das Ansehen des geheiligten Ärztestandes herabzusetzen. Darüber hinaus gab es reichlich Anzeichen dafür, dass die Pseudomoral der sogenannten Erbhygiene ihre Spuren hinterlassen hatte. Die Auseinandersetzung mit dem Antisemitismus und dem Holocaust hat zwar verspätet, dennoch intensiv stattgefunden, während der Krieg gegen die psychisch Kranken trotz der Aufklärungsarbeit von Mitscherlich und einigen anderen vorläufig im Dunkeln des Vergessens verschwand. Erst 1996 und 2001 hat unsere Ärzteorganisation »Ärzte für Frieden und soziale Verantwortung« IPPNW auf zwei internationalen Kongressen unter dem Titel »Medizin und Gewissen« das Thema noch einmal ausführlich behandelt.

Besonderen Unwillen in Teilen der Ärzteschaft hat Mitscherlich übrigens mit seiner These hinterlassen, die Menschenversuche der SS-Ärzte seien keine einmalige Entgleisung gewesen, sondern müssten als logische Entwicklung einer Medizin betrachtet werden, die immer mehr den Menschen als Partner aus den Augen verliere und ihn zu einer naturwissenschaftlichen Sache degradiere. Das war natürlich eine ungeheure Provokation in einer Zeit, da die naturwissenschaftliche Objektivierung des Menschen vollständig in den Fortschrittsbegriff der Medizin eingegangen ist. So entsteht der Anschein, die kriminellen Medizin-Experimente der Nazis seien etwa nur der Endpunkt einer Entwicklung, dem die Medizin näher rücke. Aber das ist ein eigenes heikles

Diskussionsthema, das über Mitscherlich weit hinausführen würde.

* * *

Stattdessen möchte ich mich nun dem Problem zuwenden, das Alexander und Margarete Mitscherlich über Jahrzehnte zentral beschäftigt hat. Das ist die Frage nach den psychologischen Abwehrmechanismen, deren sich die deutsche Bevölkerung zur Abschwächung oder Verfälschung der Erinnerung an die Hitlerzeit bedient hat. Hier steht das von beiden geschriebene Buch *Die Unfähigkeit zu trauern* im Mittelpunkt. Die Mitscherlichs sahen selbst ein Risiko darin, die Reaktionen einer ganzen Bevölkerung nach dem Muster zu beschreiben, das Freud für die Psychoanalyse der Einzelpersönlichkeit benutzt hatte. Aber Freud hatte dieses Modell ja auch schon 1920 in seiner Arbeit *Massenpsychologie und Ich-Analyse* auf Gruppenprozesse erfolgreich angewandt. Die Methode ist ein Behelf, um kollektive Prozesse, die wesentlich im Unbewussten wurzeln, der Begreifbarkeit näherzubringen.

Die beiden Mitscherlichs beziehen die Leser sehr häufig in der »Wir«-Form ein. Das heißt wohl soviel wie: Wir schauen euch Lesern nicht von oben oder aus objektivierender Distanz zu, sondern sind uns klar darüber, dass wir selber mitbetroffen sind. Es ist eine Einladung, den Weg der schmerzlichen Analyse gemeinsam zu gehen. Aber ein Problem ist damals schon sichtbar geworden: Wer war der Adressat dieses

Wir? Gemeint war wohl im Wesentlichen der Bevölkerungsteil im Kreis der eigenen Altersgruppe. Das Buch erschien 1967. Das war der Augenblick, als die Studentengeneration gerade zu ihrer fundamentalen Rebellion aufbrach. Und es sollte sich zeigen, dass diese Jugend die Abwehrmechanismen der Eltern demnächst noch sehr direkt attackieren würde. Der 59-jährige Mitscherlich war im vorgerückten Professorenalter, aber immer noch daran gewöhnt, von den kritischeren Studenten als ermutigend progressiv eingeschätzt zu werden. Jetzt aber irritierte ihn die Radikalität der Studentenrebellion, die sich gegen die herrschaftliche Position der Professoren allgemein und gegen die Versagung angemessener Mitbestimmungsrechte der Studenten richtete. Er spürte wenig davon, dass diese Jugend in anderer Weise als er gegen das 20-jährige Verschweigen der Vergangenheit aufbegehrte, dass sie mit ihrer Empörung über das von den Amerikanern in Vietnam versprühte Agent Orange zugleich das Zyklon B in den Gaskammern von Auschwitz meinte. So konnte er es in den folgenden Jahren nicht leicht verstehen, dass die Studenten mit ihren antiautoritären Protesten mehr oder weniger unbewusst gerade die Verdrängungsformen angriffen, die in der *Unfähigkeit zu trauern* beschrieben wurden.

Nun aber zu dem Buch selbst. Vornean steht die Frage: Wie kam die Hörigkeitsbindung eines Großteils der Bevölkerung an Hitler zustande? Liebe zur Person war es nicht, vielmehr die Substitution des eigenen Ich-Ideals durch die suggestive Führergestalt. Es war gleichzeitig Unterwerfung wie eigene Aufwertung durch die fantasierte Identifizierung mit dem scheinbar unwiderstehlichen grandiosen Hitler. Das war übrigens schon ein Punkt, der den Studenten unverständlich war. Keine gedruckte Hitlerrede und keine filmische Dokumentation ließen zu jener Zeit die später Geborenen nachfühlen, welche suggestive Macht dieser Despot auszuüben vermocht hatte. Aber er hatte sie ausgeübt – als ein unbedingt zwingender hypnotischer Gebieter. So hinterließ sein Sturz, wie es die Mitscherlichs beschreiben, einen Defekt im Selbstwertbewusstsein vieler Menschen. Dennoch fielen sie nach 1945 in keine erkennbare Melancholie, sondern flüchteten in eine prompte Derealisierung, d.h. Entwirklichung der Erinnerung. Sie brachen, wie es heißt, schlagartig die affektiven Brücken zur unmittelbar hinter ihnen liegenden Vergangenheit ab. Es kam keine Trauer auf. Getrauert wird um eine verlorene geliebte Person. Aber das war ja Hitler nicht gewesen, vielmehr nur ein grandioses Substitut des eigenen Ich-Ideals, ein narzisstisches Objekt.

Die Mitscherlichs stellten fest, dass es nach dem Zusammenbruch des Reiches keine erkennbare Zunahme von Neurosen und psychosomatischen Krankheiten gab. In 4.000 Krankenakten der Heidelberger Psychosomatischen Universitätsklinik fanden sich kaum Anhaltspunkte für den Zusammenhang gegenwärtiger Symptome mit Erlebnissen aus der Nazizeit. Folgerung der Mitscherlichs: *»Die Vergangenheit belastete offenbar nicht so, dass sie nur unter Zuhilfenahme* *seelisch motivierter Symptome zu bestehen war. So hätte man meinen können, Deutschland sei nie braun gewesen, es habe 1945 höchstens eine Gruppe brauner, das heißt, fremder ›Besetzer‹ verloren.«* Für das Ausbleiben tieferer Erschütterung haben die Autoren noch eine überzeugende Erklärung: Die Abwehr von Schuld sei leichter im consensus omnium. Ein schuldbeladener *Einzelner* werde von der Gesellschaft isoliert, während er in einem schuldigen *Kollektiv* nur schuldig unter Schuldigen sei. Wenn in der Bevölkerung die Abwehrmechanismen der Verdrängung und der Derealisierung erfolgreich funktionieren, dann stellt sich sogar derjenige, der dennoch an die Schuld erinnert, ins Abseits als abnormer Störenfried. Nicht einmal die seriöse *Frankfurter Allgemeine Zeitung* war sich zu schade, noch vor einigen Jahren ein gehässiges Pamphlet von Gerhard Henscheid gegen die *Unfähigkeit zu trauern* abzudrucken.

Warum es einer Vielzahl der Deutschen sogar entgegen der Erwartung kompetenter internationaler Psychologen so erstaunlich rasch gelang, den Zusammenbruch des Nazisystems oberflächlich zu überwinden, dazu scheint mir eine Reaktion wichtig, die in dem Mitscherlich-Buch nur ganz randständig auftaucht. Dazu eine kleine Passage aus meiner eigenen Autobiografie:

»Typisch war das Bild der aus Gefangenschaft heimkehrenden ›Helden‹, die von ihren weniger deformierten Frauen wie hilflose Kinder an die Hand genommen und wieder lebensfähig gemacht werden mussten. Aber

wer sagte ihnen jetzt, wer sie waren, welche Sprache sie sprechen, welchen Konzepten sie folgen sollten? All das lieferten uns im Westen umgehend die Sieger, an deren Spitze die Amerikaner. Die funktionierten wie ein neues Animationssystem, das die Identitätsleere ausfüllte. Es war durchaus keine mühsame, sondern eine ersehnte, rettende Anpassung, freilich ein eher mechanischer Prozess; eine Flucht aus einer Hörigkeit in die nächste. Aber zum Schutz der Selbstachtung musste man sich natürlich als eigene Überzeugung einreden, was in Wirklichkeit nur vertauschte Abhängigkeit war. Das scheinbar schlagartig funktionierende demokratische Gewissen schlug von außen. Es sprach Englisch. Ein Volk von verwaisten Kindern war in neuer Vormundschaft untergekommen. Und so stellte sich bei uns das ›Österreich-Syndrom‹ in abgewandelter Form dar: Hitler hatte in uns nur unterdrückt, was wir immer schon gewesen waren – Anhänger der nordamerikanischen Bürgerideale, geistige Halb-Amerikaner. Jetzt durften wir endlich sein, was wir längst schon geworden wären, hätte man uns nur gelassen [...]. Seite an Seite! Ihr und wir, wir Abendländer, wir Antikommunisten, wir Hüter des Christentums! Hätten wir, hättet ihr nur früher begriffen, dass wir eigentlich zusammengehören, dass wir im Grunde eins sind! Nun, da wir Adolf Hitler und seine Verbrecherhorde los sind, werden uns nichts und niemand mehr hindern, mit euch zu marschieren« (Richter 1986).

Dazu bot sich dann die von den Amerikanern erwünschte Bundesgenossenrolle im Kalten Krieg an.

* * *

Ein Jahr nach dem Erscheinen von *Die Unfähigkeit zu trauern* brach die Studentenrevolte über Westdeutschland herein. Sie nahm Impulse aus den USA auf. Der Emigrant Herbert Marcuse wurde eine der geistigen Leitfiguren. Die amerikanischen Anti-Vietnam-Proteste halfen aufzurütteln. Am Prager Frühling entzündeten sich große linke Hoffnungen. In der Studenten-Rebellion kam das Bewusstsein der eigenen Behinderung durch eine Elterngeneration zum Vorschein, die 20 Jahre über die eigene Nazi-Verstrickung hinweg geschwiegen und ihr Versagen der Jugend als unbewusste Erblast vermacht hatte. Es war bezeichnend, dass die Psychoanalyse für die linke studentische Jugend neben Marx so etwas wie eine politische Religion wurde. Selbstheilung und politischer Kampf mit dem Ziel der Emanzipation flossen zusammen. Mein Buch *Eltern, Kind und Neurose*, das die Überlastung der Kinder mit unverarbeiteten elterlichen Konflikten in der Nachkriegszeit zum Thema hat, wurde neben der linken psychoanalytischen Literatur der 20er Jahre sowohl zur psychologischen Selbsthilfe wie als Kampfschrift massenhaft verbreitet. Es erlebte eine Auflage von mehreren Hunderttausend, dazu kamen eine Menge Raubdrucke. In dieser deutschen Revolte steckte, zum erheblichen Teil unbewusst, eine auf die USA projizierte Anklage gegen die Nazischuld. Vietnam wurde zum Symbol für den Nazi-Völkermord. In Deutschland spaltete sich die Bewegung dann Anfang der 70er Jahre in einen kleinen militanten Flügel und eine breite reformistische Sozialbewegung. Letztere bildete schließlich die Kraft, die von der Basis aus eine wichtige Stütze für den Geist der Sozial- und Friedenspolitik Willy Brandts wurde.

Aber zurück zu Alexander Mitscherlich. Er erlebte die zunächst reichlich chaotische Form der 68er Rebellion eher in einer defensiven Position. Anders als ich, der 15 Jahre Jüngere, spürte er zunächst nur das Anti und nicht auch das Pro, das sich in dem Aufbruch der Studenten ausdrückte. Das Anti betraf ihn direkt persönlich. Denn die Attacken der Studenten richteten sich eine Zeitlang mit besonderer Erbitterung gegen tolerante und liberale Professoren, deren freundliche Verständigungsangebote ihnen verhasster waren als der harte Autoritarismus der Rechtskonservativen. Sie wollten die Etablierten zur Rechenschaft ziehen, sich im Kampf gegen sie stabilisieren und sich nicht von linken Gutmenschen einwickeln lassen.

In meiner Sicht bedeutete die Studentenrebellion mit der ihr folgenden sozialen Reformbewegung so etwas wie eine Fortsetzung der Mitscherlich-Kritik mit anderen Mitteln. Das war 1968 noch schwer erkennbar, zeichnete sich dann aber ab 1970 sehr deutlich ab, als sich viele Studentengruppen mit der linken psychoanalytischen Literatur der 20er Jahre befassten, etwa mit Bernfeld, Fromm, Reich, Fenichel. Sie fingen in sogenannten Kinderläden an, die Ideen der psychoanalytischen Pädagogik von Bernfeld, Reich und McNeill anzuwenden. Sie beschäftigten sich mit chronisch psychisch Kranken, mit jugendlichen Straffälligen, mit Flüchtlingen und gingen in die Obdachlosenquartiere am Rand der größeren Städte. Überall ging es ihnen um Revision der Ausgrenzungsideologie der Nazis, um Emanzipierungshilfe für die Schwächeren. Aber in zahlreichen Gruppen lief gleichzeitig eine introspektive Arbeit an den eigenen inneren Konflikten bzw. an den von der Elterngeneration her verinnerlichten Beschädigungen ab. Herbert Marcuses Anweisung, die Arbeit an der *inneren* Repression müsse mit dem Kampf gegen *gesellschaftliche* Repression Hand in Hand gehen, galt vielen als Leitprinzip.

Während ein Teil der jüngeren Analytiker diese Initiativen theoretisch oder auch praktisch durch Supervision oder in moderierender Funktion begleitete, verharrte Mitscherlich gegenüber dieser Bewegung in der Position des eher skeptischen Beobachters, wie auch die Mehrzahl der deutschen Psychoanalytischen Institute strikt darauf bedacht war, die eigenen Strukturen gegen Reformierungseifer abzuschirmen, der ringsum zu erweiterten Mitbestimmungsregelungen in den Bildungsinstituten führte. Meine Bemühungen, Mitscherlich für den Gedanken zu erwärmen, dass der Aufbruch der genannten sozial-reformistischen Studenten-Initiativen eine konstruktive Antwort auf die von ihm gedeuteten Mechanismen der Älteren enthielt, blieben ohne nennenswerten Erfolg. In einem Aufsatz über »Protest und Revolution« von 1970 gelangte er zu der Diagnose, die am weitesten verbreitete Protesthaltung sei als »Ressentiment« beschreibbar, nämlich als Abfuhr von Unlustspannungen bei ungenügender Realitätskontrolle durch Ich-Leistungen.

Noch deutlicher trat seine Skepsis in einem Aufsatz

über »Leistungsverfall – Leistungsverweigerung« in der Zeitschrift *Merkur* von 1973 zutage, überschrieben mit »*Vom Protest zum Leistungsverfall*«. Der ganze Text wird beherrscht von einem Phänomen, benannt als Leistungsschwund, Leistungsverweigerung, Arbeitshemmung, Konzentrationsunfähigkeit, Leistungsversagen, Antileistungsmotivation, Leistungsverlust. Wie verhält sich diese Störung der Studenten zu ihrem Protest? Ist dieser ihre Ursache, ihr Ausdruck, ihre Folge? Jedenfalls findet Mitscherlich bei einem Teil der Studierenden eine revolutionäre Attitüde, die mit Aktionismus von eigener Schwäche und Leistungsunfähigkeit ablenke. Allzu deutlich wird die Resignation des einst leidenschaftlichen gesellschaftlichen Erneuerers im Blick auf eine Jugend, in der führende Kreise seiner politischen Psychoanalyse näherstanden als irgendwann sonst. Allerdings ist sein Text bereits in einer Phase entstanden, in der er bei sich selbst erste Anzeichen eines intellektuellen Abbaus bemerkt, der sich über zehn Jahre hinziehen wird. Die Diagnose Morbus Alzheimer ist strittig geblieben.

* * *

Lassen Sie mich abschließend noch einige persönliche Worte zu Alexander Mitscherlich und seiner Bedeutung sagen. Er war neben Marie Langer und Paul Parin die herausragendste Figur, die nach dem Krieg die Tradition der politischen Psychoanalyse aus den 20er Jahren erfolgreich fortgesetzt hat. Als verfolgter Widerständler

hatte er in meinem Land den moralischen Rückhalt, der
es ihm erlaubte, als brillanter Aufklärer die deutsche
Mentalität unter und nach Hitler kritisch zu interpretieren. Das tat er mit Elan, aber nicht als Eiferer.
Bewundernswert war die Gelassenheit, mit der er alle
Anfeindungen und Schmähungen hinnahm, die er für
seine Dokumentation der Verbrechen der Nazi-Ärzte
und insbesondere auch für die *Unfähigkeit zu trauern*
erntete. Was ihm standzuhalten half, war die Weite
seines Horizontes, der bis zu seinem Engagement für
einen humaneren Städtebau reichte. Ich habe ihn 1965
besucht, als er gerade binnen 14 Tagen das aufregende
Buch *Die Unwirtlichkeit unserer Städte* geschrieben
hatte, mit dem Untertitel *Anstiftung zum Unfrieden*.
Seine kreative Kraft und seine Fantasie bewahrten
ihm trotz mancher Rückschläge seine zuversichtliche
Grundhaltung. Er war mehr ein »Pro«- als ein »Anti-Mensch«.

Was ihn und auch mich irritierte, war die ambivalente
Resonanz in der Berufsgruppe, in der er in den 50er
Jahren mit vollem Einsatz Fuß gefasst hatte. Das war
die Psychoanalyse. In dieser war die Entpolitisierung in
den Jahren der Verfolgung zu einer Art Dogma geworden, das bis auf Ausnahmen von der großen Mehrheit
insbesondere in den USA auch noch nach dem Krieg
gehütet wurde. Die deutschen Psychoanalytiker freuten
sich über Mitscherlichs politische Außenwirkung, aber
in der orthodoxen Kerngruppe beargwöhnte man seine
Ausflüge in diverse kulturpsychologische Bereiche, vor
allem in die politische Psychologie, so als verwische

oder verunklare er damit die psychoanalytische Identität. Dieses noch immer spürbare Bedenken enthält nach meinem Eindruck deutlich phobische Elemente. Das eine ist die Sorge mancher, sich politisch missliebig zu machen. Das Trauma der Verfolgung zeigt immer noch Nachwirkungen. Auf der anderen Seite haftet an der Psychoanalyse durch Mitscherlich, aber auch durch mich, der Vorwurf, die Nazi-Schuld der Ärzteschaft rufschädigend lebendig zu erhalten. Ein dritter Punkt ist die Rivalität, in der sich die Psychoanalyse inzwischen mit anderen Psychotherapie-Verfahren gegenüber den Kostenträgern befindet. Da wird eine vollkommen medizinisierte Psychoanalyse erwartet, die sich nach ökonomischen und bürokratischen Kriterien legitimiert und sich im Übrigen als angewandte Naturwissenschaft von der Seele ausweist. Aber diese Probleme kennen Sie gewiss auch hier in Frankreich.

Es ist fast ein halbes Jahrhundert her, dass ich in Paris erstmalig als Psychoanalytiker öffentlich auftreten durfte. Das war 1957 auf dem Kongress der Internationalen Psychoanalytischen Vereinigung, auf dem ich meine Theorie über die Psychoanalyse der Eltern-Kind-Beziehung vortrug, woraus dann das Buch *Eltern, Kind und Neurose* entstand, das später bei Mercure de France gedruckt wurde. Auch damals war Alexander Mitscherlich dabei. Umso mehr freue ich mich, ihm heute diesen Beitrag an diesem Ort widmen zu dürfen.

Sie werden bitte dafür Verständnis haben, meine Damen und Herren, dass ich heute Margarete Mitscherlich nur beiläufig erwähnt habe, weil bei der Einladung nur von ihrem Mann die Rede war. Sie würde es verdienen, als eigenständige Analytikerin und Schriftstellerin gewürdigt zu werden. Es bleibt nur noch einmal daran zu erinnern, dass das Hauptwerk beider Mitscherlichs das gemeinsame ist; das ist *Die Unfähigkeit zu trauern*.

Literatur

Freud, S. (1910): Die zukünftigen Chancen der psychoanalytischen Therapie. Bd. VIII, S. 111.
Kongress der Internationalen Psychoanalytischen Vereinigung (1957) in Paris.
Lohmann, HM. (1987): Alexander Mitscherlich. Reinbek (Rowohlt Tb Verlag).
Marcuse, H. (1973): Konterrevolution und Revolte. Frankfurt a. M. (Suhrkamp).
Mitscherlich, A. & Mielke, F. (1949): Wissenschaft ohne Menschlichkeit, nur ausgeliefert an die westdeutschen Ärztekammern. Heidelberg (Verl. Lambert Schneider). 1960 umbenannt in »Medizin ohne Menschlichkeit«. Frankfurt a. M. (Fischer Bücherei).
Mitscherlich, A. (1965): Die Unwirtlichkeit unserer Städte. Frankfurt a. M. (Suhrkamp Verlag).
Mitscherlich, A. & Mitscherlich, M. (1967): Die Unfähigkeit zu trauern. München (Piper Verlag).
Mitscherlich, A. (1974): Toleranz – Überprüfung eines Begriffes. Frankfurt a. M. (Suhrkamp Tb).
Richter, H.-E. (1986): Die Chance des Gewissens. Hamburg (Hoffmann und Campe).

5 Eine wunderbare Verwandlung

Ein Junge wächst am Stadtrand in einer heruntergekommenen Armensiedlung auf. Keine asphaltierte Straße, keine Straßenbeleuchtung, sogenannte Schlichtwohnungen ohne Dusche für Familien, die sich den Einbau von Duschen erst durch bessere Anpassung verdienen sollen. So besagte es eine Landesverordnung. Arbeitslosigkeit, Gewalt, Alkohol, Prostitution, Kriminalität, Schulversagen der Kinder drücken ein psychisches Elend aus, in dem sich die Erfahrung der diskriminierenden gesellschaftlichen Ausgrenzung widerspiegelt.

Diese Welt hat der heranwachsende Leo um sich, aber auch eine Gruppe von etwa 40 jungen Studierenden, die sich kürzlich mit einem Analytiker zusammengetan hat, um die Bewohner des Elendsgettos dabei zu unterstützen, sich aus ihrer fatalen Lage zu befreien. Eines Tages will Leo seine Zeche in der Kneipe nicht begleichen. Die Polizei kommt. Im Nachtdunkel klettert er auf einen Baum. Kinder verraten ihn. Im grellen Scheinwerferlicht der Polizei stürzt er ab – Wirbelbruch, Querschnittslähmung.

Tiefe Niedergeschlagenheit, zwei Selbstmordversuche, Resignation. Aber ein Physiotherapeut erkennt Leos athletische Kräfte und beginnt mit ihm systematisch zu trainieren. So erlernt Leo die einzige Sportart, die ihm noch möglich ist: Power-Lifting. Das ist das Gewichtestemmen in Rückenlage. Mit enormer Willenskraft bringt er es bis zum Weltrekord. Zweimal kämpft er erfolgreich als deutscher Paralympics-Teilnehmer in Sydney und Atlanta. Die bislang verrufene Siedlung hat ihren Helden.

Inzwischen haben auch die Bewohner, angespornt von den Studenten, Fuß gefasst. Die Mütter arbeiten in der Vorschule und im Kindergarten mit. Eine Ministerin, zu einem Bewohnertreffen eingeladen, kippt das Duschenverbot im Landtag. Auf den Ämtern werden weitere Sanierungsmaßnahmen erstritten. Aber das gelingt, weil die Leute sich nach und nach wieder trauen, Forderungen zu stellen. Damit geht die Bildung von Gemeinschaften einher. Es entsteht ein Mieterrat, die Frauen bündeln ihre Interessen und Verbesserungswünsche in einem eigenen Club, parallel zu einem Athletik- und Fußballclub der Männer. Nicht nur hier ist es Leo, der um sich herum die Ermutigung weitergibt, die ihn inzwischen selbst beseelt. Er bildet in seiner Sportart Jugendliche und Erwachsene, Männer und Frauen aus. Eine junge Frau macht er zur Weltmeisterin im Power-Lifting. Er inspiriert und organisiert. Die ganze Bewohnerschaft spannt er für Turniere seiner Sportart ein, die er für Vereine aus allen Landesteilen inszeniert.

Die Studenten wirken vor allem als Katalysatoren,

als Berater und Begleiter. Ihre Initiative liegt auf der Linie der 68er Bewegung: Veränderung der Gesellschaft, aber nicht durch Gewalt gegen die Mächtigen, sondern durch Reformen von unten, durch unterstützte Selbsthilfe der Unterdrückten. Deren Misere wird als gemeinsame Krankheit der Gesellschaft begriffen. Und der Heilungswille soll dort gestärkt werden, wo die Symptome am schmerzhaftesten sind. Die Vorstellung lautet: In allen wohnt der Glaube an eine gerechtere, freiere Gesellschaft. Den Schwächeren soll beigestanden werden, diesen Glauben in sich wieder zu stärken. Aber die Studenten wollen sich nicht als Wohltäter sehen. Sie merken, dass sie sich selber verändern müssen, um zu einer echten Solidarisierung mit den Leuten aus der Elendssiedlung zu gelangen. Das merken sie allerdings erst nach einer schwierigen Übergangsphase. Zunächst kommen sie schwer an die Bewohner heran, stoßen sich an deren schroffem Benehmen und manchen Grobheiten und Unzuverlässigkeiten. Die Studenten beklagen sich: Warum sind die Leute hier immer noch so misstrauisch? Warum kapieren sie nicht, dass wir nicht gekommen sind, um sie zusammen mit dem Professor zu erforschen oder um sie politisch für eigene Zwecke zu instrumentalisieren? Warum sind sie uns nicht ein bisschen dankbar? Schließlich wenden wir für sie doch viel Zeit und Mühe auf. Lohnt sich die Plage noch, oder machen es die anderen nicht besser, die zum revolutionären Kampf gegen das System antreten?

Da meldet sich der begleitende Analytiker: Ist es nicht verständlich, dass die Leute erst mal testen, ob wir es wirklich ernst mit ihnen meinen? Und macht uns nicht eher ihre ungeschützte Direktheit und Offenheit zu schaffen, die wir nicht gewohnt sind und deshalb als unangenehm provozierend empfinden? Geht es also nicht eher darum, sie durch Weglaufen für unsere eigene Verunsicherung zu bestrafen? Fast alle Studenten sind geblieben. Sie haben gelernt, sich auf die ungeschützte Nähe einzulassen, die ihnen die Bewohner als Bedingung für Zusammenhalt abforderten. Und in der Nähe ist dann schließlich der Funke übergesprungen: Die sind ja so wie wir!

Diese Erfahrung ist der Ausgangspunkt für alle Fortschritte auf dem Wege zur Heilung der Krankheit Friedlosigkeit. Plötzlich weiß man, dass man zusammengehört; dass man aufeinander angewiesen ist. Das ist keine theoretische Erkenntnis, sondern eine spontane gemeinsame Erfahrung. Es ist ein Wissen aus dem Gefühl heraus. Ein Vertrauen mit Ansteckungskraft.

Der Physiotherapeut hat Leo von seinen Selbstzerstörungsimpulsen befreit. Dieser ist mit sich selbst wieder eins. Er spürt die Energie, das übertragen zu können und zu müssen, was er bekommen hat. Die Ansteckung breitet sich aus. Es ist ein Virus, das mit individuellem Selbstvertrauen zugleich ein Bindungsbewusstsein ausstreut. Plötzlich ist Leo nicht mehr der arme Behinderte, sondern eine Kraft- und Ermutigungsquelle für die ganze Gemeinde. Die Stadt feiert ihn als Sportler des Jahres. Studenten und Analytiker erfreuen sich seiner Freundschaft. Die Stadt beeilt sich, die Lebensader zu den Ausgegrenzten wieder zu öffnen.

Die Zugangsstraße wird asphaltiert. Eine ordentliche Straßenbeleuchtung wird installiert. Politiker lassen sich wieder blicken, die sich zuvor aus Angst vor Prügel nicht mehr hierher gewagt hatten.

Viele wirken zusammen: Caritas, Wohnungsbaugesellschaft, Gartenbauamt. Aus dem einstigen Schandfleck wird eine ansehnliche Siedlung mit einem Gemeinschafts- und einem Trainingszentrum. Aber alles wird erst dadurch möglich, dass die Bewohner sich wieder aufrichten. Als sich Drogendealer einnisten wollen, wirft man sie kurzerhand hinaus. Die Kinder gehen wieder zur Schule. Die Arbeitslosigkeit geht zurück. Betreute und Betreuer werden zu Freunden.

* * *

Ein halbes Menschenalter später. Psychologischer Rückblick im Zeitraffer: 40 68er-Studierende wollen an einem Beispiel von 120 gettoisierten armen Familien das Unrecht sozialer Ausgrenzung beweisen und revidieren. Aber sie stoßen auf provozierend abweisende Bewohner, die sich in der Art verhalten: Wir sind genauso unerträglich, wie man uns hinstellt. Die Studenten entdecken bei sich exakt die Vorurteile der eigenen bürgerlichen Schicht: Warum verschwenden wir unsere Zeit an Leute, die uns brüskieren, anstatt uns zu danken? Also zunächst die Reinszenierung der gesellschaftlichen Spaltung. Die Bewohner haben die gesellschaftlichen Vorurteile so wie Andri in Max Frischs *Andorra* verinnerlicht. Und die Studenten reproduzieren dieselben Abwehrmechanismen, die sie der Gesellschaft austreiben wollen.

Doch dann geschieht das Wunder. Leo gibt als Symbolfigur das Zeichen, wie die Spaltung überwunden werden kann. Er wandelt den Antrieb seines Selbsthasses in aufbauende Energie um. Sein Lebensmut reißt die Gruppe mit. Die Bewohner richten sich wieder auf, und mit den Studenten entsteht ein Einvernehmen auf gleicher Augenhöhe. Gemeinsam schaffen sie ein Klima, das den Weg zu einer ebenbürtigen Reintegration der Siedlung in die Gemeinde eröffnet. Nach fast 40 Jahren zeigt sich, dass die meisten Hindernisse, auch in den Köpfen, weggeräumt sind. Die Studenten haben in ihre inzwischen erreichten sozialen Berufe unvergleichliche Erkenntnisse, auch über sich selbst, mitgenommen. Als der Analytiker als Irakkriegsgegner in Konflikte mit den CDU-Stadtoberen gerät, ist es Leo, der in seinem Rollstuhl mit einer Schar Bewohner in die Fußgängerzone fährt und mehrere Tausend unterstützende Unterschriften sammelt.

Literatur

Frisch, M. (1962): Andorra. Frankfurt a. M. (Suhrkamp Verlag).
Richter, H.-E. (1974): Lernziel Solidarität. Reinbek (Rowohlt).

6 Das Unbehagen am »Deutschen Herbst«.
Zur Verarbeitung der RAF-Geschichte aus psychoanalytischer Sicht

Vortrag auf einer Tagung der Deutschen Psychoanalytischen Vereinigung, Bad Homburg, 24.11.2007

Zu meinem Verständnis der Vorgeschichte der RAF bin ich in den 50er Jahren gelangt, als ich von 1952 bis 1962 eine Beratungs- und Forschungsstelle für seelische Störungen im Kinder- und Jugendalter in Berlin-Wedding leitete. Dort hatten wir es mit Scharen von Kindern zu tun, denen Eltern unbewusst weitergaben, was sie aus Nazizeit und Krieg in ihrem Innern an unverarbeiteten Konflikten aufgestaut hatten. Die Eltern lebten mit Brüchen, mit unbewältigter Hörigkeit, mit Schuld und Traumen aus Verlusten und Vertreibung. Und da waren Kinder mit psychosomatischen Symptomen oder Schulversagen, Unruhe, Jähzorn, Weglaufen, Klauen. Die Eltern schwiegen, aber in den Symptomen der Kinder kam viel von dem Verschwiegenen zum Vorschein. Die Kinder waren mit der geheimen Erwartung überfordert, die Eltern von Depression und Selbsthass zu befreien, ihr Scheitern durch Erfolge zu kompensieren usw. Die Eltern mussten lernen, sich mit den eigenen psychischen Lasten auseinanderzusetzen, anstatt sie weiterhin den dekompensierenden Kindern aufzubürden. Das war das Konzept unserer psychoanalytischen Familientherapie.

Als ich über die Analyse dieser Eltern-Kind-Beziehungen 1963 mein Buch *Eltern, Kind und Neurose* veröffentlichte, erwies es sich zunächst als Ladenhüter. Die Eltern wollten nicht an ihre Mitverantwortung für die Probleme ihrer Kinder erinnert werden. Das änderte sich schlagartig, als die ins Studentenalter herangewachsenen Jugendlichen entdeckten, was die schweigenden Eltern ihnen aufgebürdet hatten. In kurzer Zeit waren von *Eltern, Kind und Neurose* sowie von *Patient Familie* eine halbe Million Exemplare verkauft, dazu zigtausende als Raubdrucke. Die jungen Leser suchten darin nicht Erbauung, sondern Hilfe, um sich selbst und die ihnen von der Elternseite aufgehalsten Konflikte besser zu verstehen. Gleichzeitig erlebten damals die führenden gesellschaftskritischen Psychoanalytiker der 20er Jahre eine dramatische Wiedererweckung, z. B. Bernfeld, Reich, Fromm. Innere Befreiung Hand in Hand mit gesellschaftlicher Befreiung wurde zu einem zentralen Thema zahlreicher studentischer Gruppen, ohne allerdings in der Mehrzahl der psychoanalytischen Institute besonderen Widerhall zu finden.

* * *

Was man als 68er Rebellion bezeichnet, entwickelte sich teils zu einer konstruktiven kulturellen Reformbewegung mit einem Akzent auf dem Pro, teils zu einem echten Aufstand mit dem Akzent auf dem Anti. Auch spätere Mitglieder der RAF beteiligten sich anfangs mehrheitlich noch an sozialen Stadtteilprojekten, ehe sie zum bewaffneten Kampf übergingen. Während sich das Gros der 68er aufmachte, sich für eine gewaltfreie Kindererziehung, Emanzipation der Frauen und der sozial Schwachen, für mehr Mitbestimmung in der Arbeitswelt, für die Reform der Psychiatrie zu engagieren, bestand eine wütende Minderheit darauf, mit dem System, das sie noch vom Nazigeist durchtränkt ansahen, gewaltsam abzurechnen.

Ich selbst war in jener Zeit nicht neutraler Beobachter, sondern empfand wie meine Frau den Aufbruch der Jugend aus dem bisher verordneten gehorsamen Schweigen als große Erleichterung. Während ich mich persönlich an Basisprojekten wie einer Studenteninitiative in einer Obdachlosensiedlung, der Unterstützung von zwei Kinderläden und intensiv an der Psychiatriereform beteiligte, kostete es mich manche Mühe, zahlreiche Ungeduldige vom Abdriften in die militante Szene abzuhalten, in der ihnen der Absturz genau in die Inhumanität drohte, von der sie die Gesellschaft befreien wollten. Heute ist die Paradoxie kaum noch verständlich zu machen, dass seinerzeit das Stichwort »Revolution« für Teile der Jugend wie ein kategorischer Imperativ erschien. Sie fühlten sich von Kampfparolen kritischer Intellektueller gestärkt wie etwa von Hans Magnus Enzensberger im *SPIEGEL* 1967: »*Das System der Bundesrepublik ist jenseits aller Reparatur.*« »*Es ist die Staatsmacht selbst, die dafür sorgt, dass die Revolution nicht nur notwendig, (das wäre sie schon 1945 gewesen) sondern auch denkbar wird.«* Dieses Zitat nur zur Erinnerung an einen verdrängten Stimmungshintergrund zur Zeit der Geburt der RAF.

Ein Zufall verschaffte mir Zugang zu einem Projekt, das 1970 so etwas wie eine Vorschule der RAF bildete. Es handelte sich um das seinerzeit berühmte Sozialistische Patientenkollektiv Heidelberg. Der Rektor der Universität hatte einem Psychiater Gelegenheit gegeben, außerhalb der Uni-Klinik eine Ambulanz einzurichten, in der sich schließlich etwa 150 Patienten in Gruppen sammelten und zusammen jenes »sozialistische Kollektiv« bildeten. Als der Rektor ihnen ihre Räume entziehen wollte, besetzten sie kurzerhand das Rektorat und weigerten sich fünf Tage lang, die Besetzung aufzugeben. In seiner Not holte mich der Rektor aus Gießen mit der Bitte um Vermittlung.

Mich empfing ein Schwarm fiebrig aufgeregter junger Leute voller Misstrauen. Schon meine Frage nach einem verantwortlichen Arzt stieß auf brüske Ablehnung. *»Wir alle sind zugleich Patienten wie Ärzte. Wir heilen uns selbst.«* Wie das? *Indem wir die repressive Energie, die uns krank macht, in befreiende politische Energie umwandeln.* Mit meinen Zweifeln stieß ich auf eine eiserne Widerstandsfront, bis ich mich schließlich mit einigen Besonneneren darauf verständigen konnte, dass sie ihr Konzept als engagierte Selbsthilfegruppe für eine Begutachtung dem Senat der Uni vorlegen müssten. Daraufhin räumten sie das Rektorat.

Es verwunderte mich nicht, dass einige aus dem Kollektiv bald in die RAF abwanderten. Das waren Klaus

Jünschke, Margrit Schiller, Carmen Roll und Gerhard Müller. Später kamen Siegfried Hausner, Hanna Krabbe, Elisabeth von Dyck und Lutz Taufer hinzu. Ich hatte einen Moment getroffen, als noch ein Rest Krankheitsbewusstsein die Selbstdefinition als Patientenkollektiv ermöglichte. Die Verschwörer fühlten gerade eben noch, dass sie nicht in Ordnung waren, aber unwiderstehlich wuchs ihre Besessenheit von der Idee, ihr Leiden mit grenzenlosem kämpferischen Hass ersticken zu können. Es war die Geburtsstunde eines sektiererischen Gruppenwahns, der keinen Zweifel mehr zuließ. Eine Kerngruppe des Patientenkollektivs stattete sich mit Waffen, Munition, Einbruchswerkzeug und Fälscher-Gerätschaften aus. Aus der krankmachenden wurde keine politische, sondern eine zerstörerische terroristische Energie.

* * *

Lassen Sie mich nun aber kurz anhand der Familienbiografien von zwei in die RAF abgestürzten Frauen nachzeichnen, wie damals eine Täter-Motivation aus einer traumatisierenden Eltern-Kind-Beziehung entstehen konnte und wie sich das Makrogesellschaftliche der Politik in der Mikrogesellschaft der Familie widerspiegelt, wie Totalitarismus und Krieg zerstörerisch in generationsübergreifenden Prozessen weiterwirken und von hier aus neues Unheil stiften.

Es geht um Gudrun Ensslin und Birgit Hogefeld, also zwei Schlüsselfiguren in verschiedenen Phasen der

RAF-Geschichte. Beide werden religiös erzogen. Gudrun Ensslin wächst in einem evangelischen Pfarrhaus auf und leitet bald die Bibelarbeit im Mädchenwerk. Birgit Hogefeld betet regelmäßig kniend vor ihrem katholischen Zimmeraltar, spielt an den Wochenenden Orgel in der Kirche. Eine Zeitlang schwebt ihr vor, Orgelbauerin zu werden. Vater Ensslin, regimekritischer evangelischer Pfarrer in der Bekennenden Kirche, gerät in Schwierigkeiten mit den Nazis, entzieht sich diesen aber schließlich durch die Meldung als Kriegsfreiwilliger. Vater Hogefeld, sechs Jahre Soldat, lange an der Ostfront, kehrt mit erfrorenen Füßen tief verbittert, aber als heimlicher Freund der Russen zurück, die er vor der kleinen Birgit gegen die deutsche Hasspropaganda im Kalten Krieg verteidigt. Er verrät nicht, was er erlebt hat, nur, dass er sich dem Kommunismus verbunden fühlt. Aber zum offenen kommunistischen Engagement fehlt ihm der Mut. Welcher Hass in ihm gärt, kommt zum Vorschein, als er die Ermordung des Bundesanwalts Buback heimlich zu Hause feiert.

Zwei Väter also in Gegnerschaft zur Staatsmacht, aber vor offener Konfrontation zurückschreckend. Zwei Töchter, von denen die frustrierte väterliche Wut wie eine Botschaft aufgesogt wird. Jede hat ein aufstachelndes Erweckungserlebnis. Für Gudrun wird der erschossene Demonstrant Benno Ohnesorg, für Birgit der im Hungerstreik gestorbene Holger Meins zum wegweisenden Märtyrer. *»Sie wollen uns alle töten«*, ruft Gudrun Ensslin beim Anblick des toten Benno Ohnesorg aus. Birgit Hogefeld baut, von Mitschülerinnen unterstützt, nach den erkundeten Maßen mit Tüchern die Gefängniszelle von Holger Meins nach, um sich vollständig in seine Qual hineinversetzen zu können. Mitfühlende Verzweiflung schlägt dann bei beiden jungen Frauen in mörderischen Hass um. Das Töten der RAF wird zur Erlösungsmission. Es ist das klassische Muster der paranoischen Verschmelzung von fantasiertem und schließlich real provoziertem Verfolgtwerden und Rachehass auf die Verfolger, als welche die Spitzen des »Machtapparates« ausgemacht werden.

Wie reagieren die Väter? Vater Ensslin lobt seine Tochter nach ihrer Kaufhaus-Brandstiftung: Das seien junge Menschen, die nicht gewillt seien, dass die Hoffnungen auf einen Neuanfang nach Konzentrationslagern, Judenhass und Völkermord verschlissen würden. *»Für mich ist es erstaunlich gewesen, dass Gudrun, die immer sehr rational und klug überlegt hat, fast den Zustand einer euphorischen Selbstverwirklichung erlebte, einer ganz heiligen Selbstverwirklichung, so wie geredet wird von heiligem Menschentum.«*

Birgit Hogefeld erfährt im Untergrund, dass ihr Vater zu ihren ausgehängten Steckbriefen hingeht und sich dort vor Betrachtern stolz brüstet: *»Das ist meine Tochter!«* So bestätigen beide Väter ihre Töchter in der Rolle des substituierten eigenen Ich-Ideals, wie in *Eltern, Kind und Neurose* lehrbuchmäßig beschrieben. In der Fantasie, die von den Vätern vermiedene Rebellion auszuleben, verfallen Gudrun und Birgit paranoisch exakt der Barbarei, die sie aus der Welt schaffen wollten.

Stierlin, Conzen und Wirth haben diese unheilvolle Verflechtung der Generationen im Falle Ensslin belegt. Birgit Hogefelds Vaterverstrickung habe ich selbst während einer zehnjährigen, anfangs regelmäßigen, inzwischen nur noch sporadischen Betreuung mit ihr zusammen aufgedeckt. In der Opfer-Täter-Opferkette erkennt man also zunächst die Väter als Opfer in unterdrückter Antinazi-Opposition, die ihre Töchter wiederum zu Opfern machen. Die Töchter verirren sich in der Rolle als Vollstreckerinnen der unterdrückten väterlichen Rebellion, erliegen dabei dem mörderischen Verfolgungswahn der RAF und deren psychotischem Realitätsverlust. Beispiel für den Realitätsverlust: die Ermordung des Bankiers Herrhausen, just als dieser im Streit mit seiner Bank ganz im Sinne der Intentionen der RAF die Entschuldung Mexikos fordert.

* * *

In meinem Buch *Krise der Männlichkeit* habe ich über den Verlauf meiner Betreuung von Birgit Hogefeld zusätzliche Auskunft gegeben. Dass sie unbewusst der Rachebotschaft des Vaters erlegen ist, hat sie verstanden. Ich habe ihr nicht verschwiegen, dass ich, fast gleichaltrig mit dem Vater, zur selben Zeit wie dieser in Russland mit meinem Geschütz auf Menschen geschossen habe, die nicht meine Feinde waren, und dass auch ich an dem Verrat meines Gewissens litt. Sie hat während unserer Zusammenarbeit gelernt, die väterliche Hassbotschaft zu einem Versöhnungsauftrag weiter zu entwickeln und hat sich in den Geist des verfemten Judentums eingelebt. Ein literaturwissenschaftliches Studium an der Fern-Uni Hagen hat sie vor Kurzem mit einer Magisterarbeit über den Roman *Der Vorleser* abgeschlossen, der ja ihr Lebensthema unmittelbar berührt. Nun ist sie trotz aller Schwierigkeiten – kein Computer, kein Bibliothekszugang – mit der Vorbereitung einer Doktorarbeit beschäftigt. Es geht um die Analyse grotesker Verharmlosung von Nazisystem und Holocaust in Erzeugnissen der dritten Generation.

Sie trägt ihre Schuld und ist von ihrer paranoischen Verirrung vollkommen geheilt. Ich bin davon überzeugt, dass sie nichts mit dem Mord an dem US-Soldaten zu tun hat, wofür sie aufgrund höchst zweifelhafter Zeugenaussagen verurteilt worden ist. Aber da sie grundsätzlich über Tätermamen schweigt und sich dadurch die Kronzeugenregelung versagt, die zahlreichen anderen längst die Freiheit gebracht hat, sitzt sie nun 15 Jahre in ihrer Zelle, zunehmend auch nachts von Schmerzen in ihrem linken Hüftgelenk geplagt. Es wäre eine Nachoperation nach einer früher versuchten Korrektur einer angeborenen Hüftluxation erforderlich mit einer anschließenden längeren Reha. Daher ihre, bisher vergebliche, Hoffnung auf Erfolg eines Begnadigungsantrages, der ihr vor drei Jahren von einem inzwischen verstorbenen Ministerialdirigenten im Justizministerium nahegelegt worden war. Ich hoffe mit ihr weiter.

* * *

Nun aber zur Frage der gesellschaftlichen Verarbeitung des RAF-Phänomens. Unmittelbar nach den Stammheim-Selbstmorden 1977 erregte Max Frisch mit einer öffentlichen Rede Unwillen, in der er ausführte:

»*Alle, die als terroristische Täter auf der Fahndungsliste stehen oder im Gefängnis sind, gehören der jungen Generation an. Was heißt das? Und viele sind weiblichen Geschlechts. Zwei von vier <u>Menschen</u>, die in Stammheim ihr Ende gefunden haben – und auch, wenn wir ihre Taten als Morde verurteilen müssen, bestehe ich auf der Bezeichnung <u>Menschen</u> –, sind Töchter von Pastoren gewesen, also herangewachsen unter moralischen Imperativen, die eigentlich für uns alle gelten. Nimmt jemand sie ernst, diese Imperative, so machen sie empfindlich für Unrecht, zum Beispiel für den Napalm-Genocid in Vietnam.*«

»*Was solche Menschen, Moralisten also, ihrerseits zu Gewalttätern hat werden lassen, die Frage ist unerwünscht, da sie zwar nicht zur Rechtfertigung von Morden führen kann, jedoch zu der Frage: Wie unschuldig oder wie schuldig sind wir, ist unsere Gesellschaft an der Wiederkunft des Terrorismus?*«

Wiederkunft? Der Hinweis meint den Nazi-Terrorismus. Und dieser taucht ja in der Tat als maßgeblich z.B. in den Biografien von Gudrun Ensslin und Birgit Hogefeld auf, die den von den Vätern versäumten Widerstand unbewusst nachholen wollten und stattdessen den Terror reproduzierten. Der Hinweis auf diesen transgenerationalen Zusammenhang, mag er noch so evident sein, vertrug sich allerdings weder im deutschen Herbst noch später mit dem kollektiven Bedürfnis, die leidige Erinnerungsarbeit endlich hinter sich lassen zu können. Schon die Barbarei der Morde verbiete jede Frage nach schuldhafter Weiterwirkung tradierten Gedankenguts. Diese Frage sei allein schon ungehörig und unanständig.

Aber wir kommen an ihr nicht vorbei. Und das Missfallen an denen, die sie unbeirrt stellen, verrät Angst vor peinlichen Wahrheiten. Nach Max Frisch hat auch Norbert Elias auf einen transgenerationalen Zusammenhang hingewiesen. Er hat in seinem Essay »Zivilisation und Gewalt« bei der ersten Generation der RAF schon im Schulalter eine hochgradige Empfindlichkeit für Unrecht und Gewalt und eine gesteigerte Sensibilität aufgrund der Erinnerung an die jüngste deutsche Geschichte festgestellt. Diese Idiosynkrasie habe ich auch bei Birgit Hogefeld gefunden, die bereits als Schülerin die Nachkriegskarriere von Nazi-Richtern erforscht hatte und der es nicht aus dem Kopf ging, dass Tausende von Euthanasie-Opfern durch ihr Dorf in die nahegelegene Vergasungsanstalt Hadamar transportiert worden waren. Aber wie kann sich nun dieses gesteigerte Mitfühlen in sein krasses Gegenteil verwandeln und zur Ermordung von unschuldigen Menschen führen, die nur als Symbolfiguren der Macht zu teuflischen Hassobjekten erkoren werden?

Anna Freuds Beschreibung der Angstabwehr durch Identifikation mit dem Aggressor, wie sie in Kinderspielen deutlich wird, bietet keine hinreichende Verständnishilfe. Was beim Umkippen exzessiven Mitleids in mörderischen Hass passiert, kann man nur als Wahnbildung benennen und nicht mehr als neurotische Reaktion fassen. Eine Steigerung der Wahnstimmung erfolgt dann zusätzlich in der Gruppendynamik der Verschworenen. Der wahnhafte Charakter der Denkstörung zeigte sich in einer zunehmenden paranoischen Realitätsverfälschung. Die Gruppe mordete unbeirrt weiter, unfähig, den rasch schwindenden Rückhalt im anfänglichen Sympathisanten-Umfeld wahrzunehmen. Je deutlicher die Selbstisolation wurde, umso grotesker steigerte sich der Allmachtswahn des kleinen Häufleins, das sich ernsthaft auf dem Wege glaubte, das Feuer der Revolution zugleich in drei Kontinenten entfachen zu können. Die wachsende Gegengewalt der Staatsmacht stabilisierte für längere Zeit nur das Wahnsystem der Gruppe.

Doch wer nicht über reichlich psychiatrische Erfahrung mit Wahnbildungen verfügt, speziell mit Verfolgungswahn, tut sich schwer, das Krankhafte solcher Reaktionen und gleichzeitig die hinter dem Irrsinn verborgene Wahrheit zu durchschauen. Typisch ist, dass in den Fällen Ensslin und Hogefeld die Väter gut verstehen, dass sie mit den scheinbar rätselhaften Ausbrüchen der Töchter mit gemeint sind. So geben sie mit ihrem Beifall zu erkennen, dass sie Teil des scheinbar absurden Geschehens sind und dem vermeintlich Sinnlosen einen Sinn geben, nämlich als Bestätigung der Töchter als Rächerinnen bzw. Erlöserinnen.

Diesen Sinn im Wahn will indessen kaum einer im Lande nachvollziehen. Das hieße nämlich, die radikale

Abgrenzung vom Bösen aufs Spiel zu setzen. Es soll dabei bleiben: In den Terroristen steckt nichts von psychologisch Vererbtem, nichts von gesellschaftlichem Einfluss. Sie haben sich selbst erfunden, ihre Ideen, Methoden und Ziele, basta! Aber würde das stimmen, warum taucht dann das Gespenst periodisch immer wieder beunruhigend auf und geistert gerade erneut seit Monaten durch alle Medien? Warum kann man sich von den Schreckbildern nicht lösen? Nur weil es reizt, sich gelegentlich neu zu gruseln? Oder wohl doch, weil die von Max Frisch angesprochene Mitschuld die Verdrängungsschranke durchdringt.

Diese heimliche Angst treibt dazu, dass man sich neuerdings ganz intensiv und ausschließlich mit den Opfern identifiziert. »Die Opfer der RAF« hieß kürzlich eine zweitägige Veranstaltung in Stuttgart. Es war falsch, so hört man landaus, landein, dass wir uns bisher vornehmlich mit den Tätern beschäftigt, uns um sie gekümmert haben, gekümmert mit dem Beiklang von Sich-Sorgen. Nun spricht man von und mit den Angehörigen der RAF-Opfer, und das gehört sich auch. Doch es macht stutzig, wenn die mitfühlende Zuwendung den Anschein bekommt: Wir sind allein die Partei der Opfer, ja wir sind allesamt selbst Opfer. Wer dennoch nach wie vor danach forscht, was ursprünglich empfindsame junge Menschen zu Terroristen gemacht hat, paktiert mit dem Bösen, gilt bestenfalls als blind für das Fragwürdige seines Tuns.

※ ※ ※

Als Verwickelter kann ich dazu etwas Persönliches nicht verschweigen. Einige von Ihnen werden von meiner Biografie vielleicht schon wissen, was ich jetzt in Stichworten rekapituliere. Vor 61 Jahren aus der Kriegsgefangenschaft in ein Zuhause zurückgekehrt, das es nicht mehr gab, erfuhr ich von der Ermordung meiner Eltern durch Russen, Monate nach Kriegsende. Es ging um meine Mutter. Der Vater wollte sie beschützen. Darauf wurden beide erstochen. Ich war 22, allein, ganz unten. Die Russen waren längst abgezogen. Mein Studium wieder aufnehmend, verfiel ich für eine philosophische Doktorarbeit auf das Thema »Schmerz und Leiden«. Warum, das ist mir erst später klar geworden. Jedenfalls gelangte ich dazu, Leiden nicht – wie bisher eingeimpft – als Versagen, Niederlage, Unmännlichkeit zu verstehen, was in Selbsthass mündet. *Wer nicht leiden will, muss hassen* wurde später der Titel eines meiner Bücher. Aus Leiden kann aber auch die Kraft zur Versöhnung wachsen. Versöhnung mit sich selbst und nach außen, was mich später in die Friedensbewegung führte und 1987 zu der Chance, noch im Kalten Krieg zusammen mit Hans-Jürgen Wirth und Moskauer Sozialwissenschaftlern eine größere Studie zur Förderung der deutsch-russischen Verständigung zu initiieren.

So schließt sich ein Kreis dadurch, dass ich in den letzten zehn Jahren Birgit Hogefeld darin beistehen konnte, sich von dem Bann des unbewussten väterlichen Racheauftrages zu lösen und in sich positive Kräfte frei zu machen, die sie nun für Einfühlung in jüdisches Leben und Leiden nutzt. Mit meiner Hilfe, so scheint es mir, trete ich nur an einer Stelle für die Mitverantwortung meiner Generation für die Ermöglichung solcher Schicksale wie derjenigen der Frauen Hogefeld und Ensslin ein.

Besonders ermutigend finde ich, dass sogar im Kreis der Angehörigen der RAF-Opfer da und dort Bereitschaft zur Versöhnung gemeldet wird. Da ist z. B. Carlchristian von Braunmühl, Bruder des von der RAF ermordeten Gerold, der 1994 in einer denkwürdigen Rede vor Psychiatern und Psychotherapeuten in Aachen die Frage von Max Frisch wieder aufnahm. Zunächst bekundete er seinen ungeminderten Schrecken und Abscheu vor dem totalitären Denken der RAF. Aber woher kam diese Verirrung? *»Die Richtung dieser Frage ist unbequem«*, gestand er, *»denn sie führt auf einen selbst und auf diese Gesellschaft, aus der heraus die RAF entstanden ist.«* Braunmühl warb dafür, in den Spiegel zu sehen, und gelangte zu einer provokativen Diagnose: *»Vielleicht ist es so, dass wenige schießen, weil zu wenige sich gewaltlos einmischen und zu viele sich darauf beschränken, die Politik ein schmutziges Geschäft zu nennen, sich auf ihre Ellbogen zu konzentrieren – und weil es an Graswurzeln fehlt.«*

Braunmühl, mit dem ich erst vor Kurzem lange gesprochen habe, denkt dabei keineswegs daran, seinem Bruder in den Rücken zu fallen, so wie ich mich im Einklang mit meinen Eltern glaubte, als ich etwas zur Verständigung mit den Russen beizutragen versuchte. Tatsächlich ist keiner der aus der Gefangenschaft freigelassenen RAF-Mitglieder rückfällig geworden. Einige wie Klaus Jünschke sind konstruktiv sozial engagiert. Sie bestätigen damit indirekt die Annahme von der Heilbarkeit einer Krankheit Friedlosigkeit selbst in der Extremvariante eines terroristischen Wahns. Jünschke wurde übrigens seinerzeit vom CDU-Ministerpräsidenten Bernhard Vogel begnadigt – mit Zustimmung von Hans Eberhard Schleyer, Sohn des ermordeten Vaters, damals Chef der Staatskanzlei Vogels. Dass Bundespräsident Köhler die ihm mehrfach nahegelegte Begnadigung Birgit Hogefelds verweigert hat, obwohl diese längst die gleiche Wandlung wie Jünschke durchgemacht hat, halte ich für bedauerlich. Sogar der Hinweis, dass diese Frau seit Jahren nach einer missglückten Korrektur einer Hüftgelenksverrenkung täglich mit Schmerzen lebt und operiert werden müsste, blieb bisher unbeachtet. Von dem standhaften Humanisten, Franz Kamphaus, vormals Bischof von Limburg, stammt der Satz: »*Man kann schuldig werden, indem man dem anderen den Weg zur Versöhnung verbaut.*«

Ungeniert erleben wir dieser Tage stattdessen das Schauspiel dramatischer Erinnerungsvermarktung der RAF mithilfe eines Haupttäters vom »deutschen Herbst« als Experte. Man fragt auch nicht nach den Gefühlen Betroffener, wenn soeben der ehemalige Superterrorist Muammar al Gaddafi für westfreundliches Wohlverhalten nicht nur Gnade erntet, sondern von Frankreich gleich mit einem ganzen Kernkraftwerk und mit Waffen im Wert von 300 Millionen belohnt wird.

Die grauenhaften Anschläge auf die Berliner Diskothek »La Belle« 1986 und auf den PanAm Jumbo über Lockerbie, die Gaddafi zugeschrieben werden, scheinen vergessen, obwohl deren Opferzahlen diejenigen der von der RAF verschuldeten um ein Vielfaches übertreffen. Bei den westlichen Freunden Frankreichs war nicht mehr als ein leises Murren zu vernehmen. Die internationale und die deutsche Öffentlichkeit rührten sich kaum. Solche Schamlosigkeit droht alle Bemühungen um eine humanistische Aufarbeitung terroristischer Verbrechen als unverbindliche Läuterungsrituale zu diskreditieren. Denn zum Wesen unserer viel beschworenen Werteordnung gehört ihre Unteilbarkeit.

Wäre es nicht so peinlich, könnte man sich über die Heuchelei amüsieren: Soeben hat man sich im Erinnerungsjahr zu Scham- und Reuekundgebungen darüber getroffen, dass man bisher die Täterseite mit Aufmerksamkeit verwöhnt, stattdessen die Opfer vernachlässigt habe. Da freut man sich gleichzeitig über die Ankündigung filmischer Wiedererweckung der Figuren in den Täterinnen- und Täterrollen unter Mitarbeit von Ex-RAF-Mitgliedern in Expertenfunktionen.

Warum die Gesellschaft in der Nachfolge der Hitlergeneration das RAF-Phänomen hervorgebracht hat, bleibt ein unbequemes, aber unumgängliches Forschungsthema. Schon *dass* sie es hervorgebracht hat, will man nicht wahrhaben, sich lieber spannend filmisch unterhalten lassen und Frust abreagieren. Doch ohne die Mühe des Verstehens auf sich zu nehmen, werden wir einer zweiten Wiederkunft des Terrorismus kaum achtsam vorbeugen können. Erst jüngst waren es zwei junge Deutsche, darunter ein Arztsohn, die mit islamistischer Hilfe einen Großanschlag gegen hiesige amerikanische Einrichtungen planten. Das Vorhaben erdachten deutsche Konvertiten. Also haben wir in der Mitte der eigenen Gesellschaft wieder auf Anfällige wie jene aus dem geschilderten SPK-Heidelberg zu achten, die damals aus innerer Friedlosigkeit Erlösung in terroristischem Hass suchten und zu vielfachen Mördern wurden. Was man nicht verstehen will, kann man auch in einem Überwachungsstaat nur schwer verhüten.

Literatur

von Braunmühl, C. (1996): Erfahrung von Gewalt – ein Anschlag der RAF und ein Versuch von Angehörigen, darauf zu reagieren. In: Versuche, die Geschichte der RAF zu verstehen. Gießen (Psychosozial-Verlag).
von Braunmühl, C., Hogefeld, B., Jansen, H., Richter, H.-E., Rosenkranz, G (1996): Versuche, die Geschichte der RAF zu verstehen. Gießen (Psychosozial-Verlag).
Conzen, P. (2005): Fanatismus – Psychoanalyse eines unheimlichen Phänomens; Stuttgart (W. Kohlhammer).
Elias, N. (1989): Studien über die Deutschen. Frankfurt a.M. (Suhrkamp Verlag).
Enzensberger, H. M. (1967): The Writer and the Politics. In: Vaterland, Muttersprache. Berlin (Verlag Wagenbach), 1994.
Frisch, M. (1977): Wie unschuldig sind wir? Rede vor dem SPD Parteitag. Zit. in Vaterland, Muttersprache. Berlin (Verlag Wagenbach), 1994.
Kamphaus, F. (1993): Versöhnung kommt im Strafrecht nicht vor. Der Sonntag, Kirchenzeitung für das Bistum Limburg.
Richter, H.-E. (1963): Eltern, Kind und Neurose. Stuttgart (Verlag E. Klett).

Richter, H.-E. (1972): Die Gruppe. Reinbek (Rowohlt).
Richter, H.-E. (Hg) (1990): Russen und Deutsche. Hamburg (Hoffmann und Campe).
Richter, H.-E. (1993) Wer nicht leiden will, muss hassen. Hamburg (Hoffmann und Campe).
Richter, H.-E. (1996): Birgit Hogefelds Versuch, die eigene Geschichte und diejenige der RAF zu begreifen. In: Versuche, die Geschichte der RAF zu verstehen. Gießen (Psychosozial-Verlag).
Richter, H.-E. (2006): Die Krise der Männlichkeit. Gießen (Psychosozial-Verlag).
Stierlin, H. (1978): Familienterrorismus und öffentlicher Terrorismus. Hintergründe terroristischen Verhaltens in der Bundesrepublik Deutschland. In: Familiendynamik Bd. III, S. 170–198.
TAZ (27.10.2004): Die Kontroverse zwischen Jan Philipp Reemtsma und Horst-Eberhard Richter: Brauchen wir einen neuen Blick auf den linken Terror? Eine Gegenrede auf Jan Philipp Reemtsma.
Wirth, H.-J. (2002): Narzissmus und Macht. Gießen (Psychosozial-Verlag).

7 Atomrüstung und Menschlichkeit

Vortrag an der Universität Hamburg, 27.03.08

»*Wenn wir es endlich wagen, aus den Denkschemata auszubrechen, die die Nuklearstrategie der Atommächte seit über vier Jahrzehnten bestimmen, kann es meiner Ansicht nach gelingen, ›den Geist in die Flasche zurückzuverbannen‹. Tun wir es jedoch nicht, besteht die immense Gefahr, dass das 21. Jahrhundert eine atomare Tragödie erleben wird.*«

Robert S. McNamara, 1995

Der Bau der ersten Atombombe ist aus Angst entstanden. Nämlich aus der Angst, dass Hitler, käme man ihm nicht zuvor, durch atomare Bedrohung die Welt in neue Schrecken stürzen würde. Diese Angst bewog Einstein zu seinem fatalen Empfehlungsbrief an Präsident Roosevelt (vgl. Clark 1974, S. 401). Die amerikanische Atombombe war also als Sicherung gegen Unheil gedacht. Dass Einstein einer Fehlinformation anheim fiel und dass die Bombardierungen Hiroshimas und Nagasakis einen angeschlagenen kapitulationsreifen Feind trafen, versetzte weder die Amerikaner noch Robert Oppenheimer als Leiter des Manhattan Projekts in eine Gewissenskrise, die bei Letzterem allerdings später einsetzte.

Drei Monate nach Bombenabwurf erklärte Oppenheimer noch: »*Wenn man Wissenschaftler ist [...,] glaubt man, dass es gut ist, der Menschheit die größtmögliche Macht zu verleihen, um die Welt zu beherrschen.*«

Damit nennt er die westliche Fortschrittsvision beim Namen. Die größtmögliche Macht soll vor allen Bedrohungen in einer Welt schützen, in der die Gewissheit göttlichen Beistandes, göttlicher Gnade, göttlichen Trostes schwindet oder schon geschwunden ist. Die auf Wissenschaft gestützte Herrschaftsmacht soll die Angst vor Verlorenheit besiegen. In diesem Augenblick glaubt Oppenheimer noch an den Segen seiner Erfindung für die Menschheit. Doch bald befallen ihn Zweifel, sodass er sich verweigert, als der Bau der Wasserstoffbombe ansteht.

Mir scheint, dass der amerikanische Regisseur Spielberg mit seinem Film »Jurassic Park« die Erkenntnis erfasst, dass der scheinbare Herrscher über die Waffen sich in Wahrheit *deren* terroristischer Tyrannei ausliefert. Der Züchter dinosaurierartiger Ungeheuer verwahrt die Monstren in einem vermeintlich ausbruchsicheren Gehege. In seinem Chefbüro hängt ein großes Porträtbild von Robert Oppenheimer an der Wand. Aber es gibt einen korrupten Sicherheitsingenieur, der die elektronische Kontrolle der Umzäunung außer Kraft setzt und den Untieren das Ausschwärmen zu verheerenden Verwüstungen erlaubt. Die Menschen wären verloren, würde sich Regisseur Spielberg nicht der geschockten Zuschauer erbarmen und ihnen ein zwar wenig glaubhaftes, aber tröstliches Happy End gönnen. Die Lehre aber kann nur lauten: Die in den gehorteten Nuklearwaffen aufgestaute Zerstörungsenergie spiegelt unsere eigene, in Technik verwandelte Ausrottungsmentalität wider. Und kein noch so aufwendiges Überwachungssystem schützt vor unserer menschlichen Korrumpierbarkeit, die uns zurzeit pausenlos vor Augen geführt wird. Unsere mörderische Friedlosigkeit ist niemals ausbruchssicher.

* * *

1954 explodierten die ersten Wasserstoffbomben. 1956 erschien in München die Zeitschrift *Das Gewissen – Organ zur Bekämpfung des Atom-Missbrauchs und der Atomgefahren*. Mitarbeiter waren u.a. der Kernphysiker Prof. Bechert, Robert Jungk und Günther Anders. 1957 trat dann Kanzler Adenauer mit seinem Plädoyer für eine deutsche Ausrüstung mit taktischen Atomwaffen eine regelrechte Lawine los. Im gleichen Jahr hielt Karl Jaspers seinen aufrüttelnden Vortrag *»Die Atombombe und die Zukunft des Menschen«*, aus dem er sein gleichnamiges Buch entwickelte. Sein Fazit: *»Entweder wird die gesamte Menschheit physisch zugrunde gehen oder der Mensch wird sich in seinem sittlich-politischen Zustand wandeln.«* Eine Woche danach folgte die »Göttinger Erklärung«, in der 18 führende deutsche Atomphysiker auf die Initiative von Carl Friedrich von Weizsäcker hin feierlich den Verzicht auf jegliche Beteiligung an Herstellung, Erprobung und Einsatz von Atomwaffen gelobten. Der Bundesvorstand des DGB verwahrte sich gegen die Lagerung von Atomwaffen in Deutschland. Kirchen, Stadträte, Hochschulen, Studenten, Frauengruppen, Lehrerverbände, Künstler und Schriftsteller protestierten öffentlich. 1957 und 58 gingen Wellen von gewaltigen Protestdemonstrationen durch das Land. In Hamburg gehörte das Ehepaar Tempel zu den Gründern eines pazifistischen Aktionskreises für Gewaltlosigkeit, der 150.000 Menschen zu einem Massenprotest auf dem Rathausplatz zusammen brachte, dem vierzehntätige Mahnwachen folgten.

1959 meldete sich Günther Anders an der Berliner Freien Universität mit einer Reihe von berühmten *»Thesen zum Atomzeitalter«* zu Wort. Man darf ihn wohl den seiner Zeit führenden Intellektuellen der Anti-Atombewegung nennen. Im Kontrast zu Oppenheimer, der im Herbst 1945 noch an die Atombombe als Herrschaftsmittel des Stärkekults glaubte, durchfuhr Anders unmittelbar nach der Hiroshima-Radionachricht 1945 ein schwerer Schock, der in einen Stupor überging. Der machte ihn lange sprachlos. 1958 beteiligte er sich dann an einem großen Friedensmarsch von Hiroshima nach Tokio, um die Erfahrungen der Überlebenden kennen zu lernen und daraus Inspiration für eigenes Engagement zu schöpfen. Seinen Ansatz für den Umgang mit der Atomangst formulierte er in seinen Berliner Thesen u.a. wie folgt: *»Wir leben im Zeitalter der Verharmlosung und der Unfähigkeit zur*

Angst.« »*Habe keine Angst vor der Angst, habe Mut zur Angst!*« »*Freilich muss diese innere Angst von ganz besonderer Angst sein:*
(1) *Eine furchtlose Angst, da sie jede Angst vor denen, die uns als Angsthasen verhöhnen könnten, ausschließt.*
(2) *Eine belebende Angst, die uns statt in die Stubenecken hinein in die Straße hinaus treiben soll.*
(3) *Eine liebende Angst, die sich um die Welt ängstigen soll, nicht nur vor dem, was uns zustoßen könnte.*«

Weltweite Aufmerksamkeit erregte Günter Anders auch durch seinen Briefwechsel mit Claude Eatherly, dem Piloten des Hiroshima-Bombenflugzeuges. Dieser beging eine Reihe kleinerer sinnlos erscheinender Straftaten. Aber Anders fand heraus, dass Eatherly immer wieder Bestrafung nutzte, um sich von geheimen Schuldgefühlen zu entlasten. Anders schrieb darüber ein Buch, das in der amerikanischen Presse niedergemacht wurde, aber ihm hohes Lob u. a. von dem prominenten Psychiater Thomas Szasz sowie von Bertrand Russell und Graham Greene einbrachte.

Nach 1960 zerfiel die Kampagne »Kampf dem Atomtod«. Die SPD schied aus dieser Front vorläufig aus. Ein sogenannter »Zentraler Ausschuss« überlebte, der als befreundete Organisationen nannte: die Naturfreundejugend, das Münchener Komitee gegen Atomrüstung, Deutsche Friedensgesellschaft, Internationaler Versöhnungsbund, die Quäker, SDS u. a. Doch die Alarmstimmung klang ab.

1962 folgte ein neuer Angstdurchbruch. In der Kuba-Krise war ein Atomkrieg so nahe wie nie zuvor. Der Kommandeur der US-Nuklearstreitkräfte General Lee Butler gestand später: »*Wir sind im Kalten Krieg dem atomaren Holocaust nur durch eine Mischung von Sachverstand, Glück und göttlicher Fügung entgangen, und ich befürchte, das letztere hatte den größten Anteil daran.*« Also Glück und göttliche Gnade. Es lohnt sich, immer wieder die Aufzeichnungen von Bertrand Russell zu lesen, der in dem entscheidenden historischen Augenblick zwischen Kennedy und Chrustschow zu vermitteln versuchte. Chrustschow hat sich nachträglich bei dem 90-Jährigen bedankt. Und sogar UN-Generalsekretär U Thant meinte, Russells Bitten hätten geholfen, die Russen umzustimmen. Averell Harriman vermutete, Russells Intervention habe Chrustschow den Rücken gegen die Hardliner im Kreml gestärkt. Wie auch immer – um Haaresbreite ist die Welt, sind wir alle damals einem Inferno entgangen.

Der Kuba-Schock schien zu bewirken, was der »Kampf dem Atomtod«-Kampagne nicht gelungen war, nämlich der Atomwaffen-Politik den Garaus zu machen. 1968 wurde in London, Washington und Moskau der Atomwaffen-Sperrvertrag unterzeichnet. Im März 1970 trat er offiziell in Kraft. Im Artikel VI verpflichteten sich die Signatarmächte zu Verhandlungen, in redlicher Absicht in Verhandlungen mit dem Ziel vollständiger atomarer Abrüstung einzutreten.

Wiederum erwiesen sich große Hoffnungen als voreilig. Das atomare Wettrüsten ging weiter. Und um

1980 brach die vorläufig beschwichtigte Angst wieder ungehemmt durch. In meinem Fall geschah es in der Umkleidekabine vor einer wöchentlichen Fußballrunde mit Freunden aus der Stadt. Da fragte uns der mitkickende Physikprofessor Horst Löb unvermittelt, wie viel atomare Zerstörungsenergie, in Dynamit umgerechnet, für jeden einzelnen Erdenbürger zurzeit gehortet sei. Wir dachten höchstens an ein paar Kilo, hörten aber, es seien mehrere Tonnen. Die genaue Zahl habe ich verdrängt. Jedenfalls packte mich ein furchtbarer Schreck. Ich funktionierte gleich einen bevorstehenden Vortrag über soziale Verantwortung um und gründete mit anderen eine Initiative gegen den Atomkrieg. Wenige Monate später holten wir interessiertes Publikum und zahlreiche Schulklassen mit Lehrern in eine Hiroshima-Ausstellung und zu Diskussionen in unsere Kongresshalle. Pastor Heinrich Albertz hielt eine leidenschaftliche Rede. Überall im Lande flackerte die Friedensbewegung der 50er Jahre wieder auf. Ulrich Gottstein und ich gründeten 1982 die deutsche Sektion der Internationalen Ärzte zur Verhütung des Atomkrieges. Den Aufbau organisierte ich von Gießen aus. In Washington und Moskau redete ich im Rahmen dieser Organisation über die psychologischen Aspekte des atomaren Wahns und über die Notwendigkeit, sich gegen die Verdrängung der immensen gemeinsamen Selbstbedrohung zu wehren. 1985 empfingen wir Ärzte den Friedensnobelpreis zum Ärger von Kanzler Kohl und seines damaligen Generalsekretärs Geissler. Beide unterstellten uns wider besseres Wissen Komplizenschaft mit den Kommunisten, obwohl wir zu keinem Augenblick die russischen Nuklearraketen weniger verdammten als die amerikanischen. Wegen Zusammenarbeit mit regimekritischen Friedensärzten der DDR wurde ich sogar jahrelang von der Stasi abgehört und bei DDR-Besuchen observiert, einmal auch kurz eingesperrt. Weil wir Ärzte für Versöhnung plädierten, galten wir zu gleicher Zeit im Westen als Bedrohung der hiesigen sogenannten Wehrbereitschaft.

Doch nun erschien Michail Gorbatschow auf der Weltbühne, der sogleich Andrej Sacharow aus der stalinistischen Verbannung befreite. Es wäre eine längere Geschichte, wie ich in Moskau noch während des großen Friedensforums von Gorbatschow 1987 zum Mitbegründer einer kleinen Initiative wurde, aus der dann 1988 die International Foundation for the Survival and the Development of Humanity wurde. Nur ein paar Namen aus dieser Foundation möchte ich nennen: den schon erwähnten Sacharow, den US-Ex-Verteidigungsminister Robert McNamara, Susan Eisenhower, Enkelin des vormaligen US-Präsidenten, den deutschen Atomphysiker Hans Peter Dürr, John Sculley, Chief Executive Officer von Apple Computers. Gorbatschow betreute den Kreis, sofern wir uns außer in Triest, Stockholm, in den USA mehrmals in Moskau trafen. Gorbatschow fand unser aller Unterstützung für sein mit großem Elan betriebenes Vorhaben, sämtliche Atomwaffen bis zum Jahre 2000 aus der Welt zu verbannen.

Doch ich möchte aus dieser Gruppe den Mann hervorheben, den ich als geistige Schlüsselfigur für unsere

Chance ansehe, vielleicht doch noch irgendwann aus dem Atomzeitalter herauszufinden. Sacharow ist zuerst genau wie Oppenheimer von der Idee besessen, mit Erringen der höchsten wissenschaftlichen Herrschaftsmacht einen Sieg für die menschliche Freiheit zu sichern. So wird er ein erfolgreicher Miterbauer der russischen Wasserstoffbombe. Aber dann plötzlich ergreift ihn ein Schaudern, als ihm schrecklich klar wird: Der Mensch ist am Ende, wenn er diese Erfindung anwendet. Er kann nicht Mensch bleiben, wenn er mit der Bombe lebt. Er zerstört seine Menschlichkeit schon durch das bloße Horten dieser Ausrottungsenergie. Das ist die entscheidende Erkenntnis. Die Bombe entmenschlicht. Sie erzwingt durch ihr Vorhandensein ein Wettrüsten. Sie bringt nichts als Angst und Hass hervor. Sie verewigt die von Carl Friedrich von Weizsäcker beschriebene Krankheit Friedlosigkeit. Sie macht Versöhnung unmöglich. Also gilt weiterhin die Alternative von Karl Jaspers: Der Menschheit droht der Untergang, wenn eine fundamentale sittlich-politische Wandlung ausbleibt.

An der Person Sacharows kann uns, sollte uns die tragische Wahnhaftigkeit unserer Anklammerung an die Idee des Stärkekults schlagartig bewusst werden. Die geheime Identifizierung mit dem Allmachtsgott, die Vision der wissenschaftlich technischen Revolution, ist das Tor zur gemeinsamen Selbstzerstörung. Die Rettung könnte nur sein, diejenigen Seelenkräfte wieder zu beleben, deren Unterdrückung den suizidalen Allmachtswahn stützt. Das sind Demut, Ehrfurcht, Liebe,

Anerkennung unserer Zerbrechlichkeit, vor allem aber das Bewusstsein der universalen Verbundenheit aller mit allen, die Gewissheit des universalen wechselseitigen Angewiesenseins jeglichen Lebens, was Franziskus einst mit dem Glauben an die Geschwisterlichkeit und Beseeltheit alles Geschöpflichen ausdrückte. Die Nuklearwaffen abzuschaffen hieße, wieder Mensch zu werden. Sacharow sah sich ja primär als Menschenrechtler. Es sei das erste Menschenrecht, nicht unter atomarer Bedrohung leben zu müssen. Als wir in der Foundation 1988 diverse Projekte planten und beschlossen, ließ sich Sacharow noch zwei Menschenrechtsprojekte von uns genehmigen. Es war übrigens die gleiche Sitzung, in der die Entscheidung für die Finanzierung meines Vorhabens für eine russisch-deutsche Vergleichsstudie zur Klärung wechselseitiger Vorurteile fiel.

Sacharow war damals schon schwer herzkrank. Aber das Gefühl der Verantwortung für die Eliminierung der durch ihn selbst mit geschaffenen unerhörten Selbstbedrohung ließ ihm keine Ruhe. Ich konnte ihn noch zusammen mit anderen zu Vorträgen in Washington und New York begleiten, wo die Amerikaner einen gebrochenen Dissidenten erwarteten, aber einen missionarischen Friedensbotschafter Gorbatschows antrafen. Als Gorbatschow damals den Völkern des Warschauer Paktes den Weg zur Selbstbefreiung von stalinistischer Unterdrückung freigab und die deutsche Wiedervereinigung möglich machte, schien erneut das Tor für die Schaffung einer nuklearwaffenfreien Welt offen zu stehen. Gorbatschow tat alles, um das Vertrauen der Amerikaner zu gewinnen. Er verlängerte einseitig seinen Atomtest-Stopp und baute konventionelle Waffen ab. Immer wieder hörte ich ihn bei Treffen unserer Foundation versichern, wie wichtig ihm die Befolgung der Pflichten aus dem Atomwaffensperrvertrag und der Ersatz der Waffenrivalität durch eine Humanisierung der internationalen Beziehungen seien.

Doch weder er selbst noch sein Emissär Sacharow vermochten den Amerikanern den unbeirrten Glauben an den Stärkekult auszutreiben. Das ist der Wahn: Ich kann nur sicher sein, wenn ich stärker als alle anderen bin. Nach amerikanischer Version hätten angeblich nicht der Friedenswille der Völker und Gorbatschows antistalinistische Versöhnungspolitik den Kalten Krieg beendet, sondern einzig die amerikanische Waffenübermacht. Wir haben Gorbatschow schlicht totgerüstet! Basta!

Bezeichnenderweise klatschte Ex-Kanzler Helmut Schmidt Beifall. Hartnäckig lobt er bis heute noch die von ihm nach Westdeutschland herbeigeholten Pershing-Raketen, die Moskau entscheidend eingeschüchtert hätten – eine Illusion, weil die Russen seinerzeit prompt Kurzstreckenraketen stationiert hatten, die den Pershings den Garaus gemacht hätten, ehe diese hätten nach Moskau fliegen können. Das kann man bei Egon Bahr nachlesen. Aber es passt zur Struktur von Helmut Schmidt, dass ihm das Totrüstungs-Dogma eher einleuchtet als die Kraft des Versöhnungswillens. In einem langen Gespräch, zu dem Helmut Schmidt mich noch vor seinem Kanzlersturz eingeladen hatte, ließ er an der Friedensbewegung kein gutes Haar. Sie war und ist für ihn ein einziges Ärgernis.

Es sind eben zwei konträre geistige Welten: die des Stärkekults von Helmut Schmidt einerseits und die der gemeinsamen Sicherheit von Günther Anders und die der Friedensbewegung andererseits. Es ist der Antagonismus von friedlosem Machtwillen und friedfertiger Versöhnlichkeit.

Ostern 1982 hört Günther Anders eine Radioübertragung von einer Riesen-Friedensdemo. Ein gewisser deutscher Staatsmann – es war Helmut Schmidt – schilt die Hunderttausenden der Demonstranten als infantil. Dazu schreibt Anders:

> *»Vielleicht ist es ein Zeichen von Infantilität meinerseits, wenn ich finde, dass solch ein Ausspruch gerade an einem solchen Tage beweise, dass sein Sprecher aller Leidenschaft für das Gute ›entwachsen‹, also ›erwachsen‹ im traurigsten Sinne ist. Ich jedenfalls bin mein Leben lang ›infantil‹ geblieben, richtiger: ich habe mich programmatisch ›infantil‹ gehalten. So infantil, dass ich seit dem 6. August 1945 [Bombardierung Hiroshimas, der Verf.] unfähig blieb, mich nicht um die Welt zu ängstigen, – so infantil, dass ich seit 1953 pausenlos vor der Gefahr gewarnt habe; so infantil, dass ich es 1958 für geboten gehalten habe, die Opfer von Hiroshima zu besuchen; so infantil, dass ich es 1959 als erforderlich angesehen habe, mich mit dem Hiroshima-Piloten Eatherly in Verbindung zu setzen. Und ein ›chronisch Infantiler‹ bin ich seitdem geblieben. Als 80-jähriger Infantiler übergebe ich nun dieses Buch [›Hiroshima ist überall‹, der Verf.] meinen vielen Freunden, die bereits reif genug sind, den*

Reihen der ›Infantilen‹ sich anzuschließen; und denen ich wünsche, dass sie sich ihre ›Infantilität‹ niemals von einem im traurigsten Sinne ›Erwachsenen‹ ausreden lassen, und dass sie sich dieser ›Infantilität‹ niemals schämen werden. Zu schämen hätten sich andere.«

Man muss Anders Recht geben, dass es vielmehr ein Zeichen von Unreife ist, mit wahnwitzigen atomaren Risiken Politik zu machen, anstatt dagegen zu protestieren. Makaber ist allerdings auch die augenfällige Ohnmacht der wirkungslos demonstrierenden Massen. Man erinnere sich: Am 15. Februar 2003 standen in allen fünf Kontinenten Millionen auf den Straßen, um den Irakkrieg von Bush junior zu verhindern. Ich selbst habe an diesem Tag vor 50.000 auf dem Stuttgarter Schlossplatz geredet. Der Friedenswille der Menschen war optisch überwältigend. Aber außer dem Hochgefühl, das er den Teilnehmern und den Begeisterten vor den Fernsehschirmen vermittelte, bewegte er nichts. In fast allen demokratischen Ländern votierten Bevölkerungsmehrheiten gegen den Krieg. Doch es nützte nichts. Günther Anders hatte sich einmal vorgestellt: Die Gesamtheit der Milliarden Erdbewohner vereinigt sich zu einer gewaltigen Prozession und schreit: »Kampf dem Atomtod!«, während ein Präsident als oberster Kriegsherr unbehindert auf den Knopf drückt. Eine grausige Fantasie, die aber nur eine geläufige Erfahrung dramatisierend wiedergibt. Nämlich die Fortsetzung der atomaren Bedrohung mit ihren horrenden Risiken trotz des periodischen Aufstandes der Völker.

Die Verfechter des kulturellen Stärkekults und die

Waffenlobby können sich darauf verlassen, dass der Elan der Demonstrierenden wie nach einem geheimen Drehbuch immer wieder in sich zusammenfällt. Periodisch beseelt die Massen ein Triumphgefühl, wenn sie im Strom von Hunderttausenden marschieren, aufrüttelnden Reden applaudieren und die Unwiderstehlichkeit ihres Aufbruchs fantasieren. Die bloße Menge weckt ein großes momentanes Machtgefühl. Und dann gehen die Leute wie nach einer gewonnenen Schlacht nach Hause und genießen im Fernsehen noch einmal das Erlebte. Die Mächtigen auf der anderen Seite ertragen solche Spektakel als Abreaktionsrituale. Sollen die Leute ihren Dampf ablassen und dabei vielleicht auch mal über Rasenflächen laufen, deren Betreten sonst verboten ist.

Danach kann dann, wie nach dem 15. Februar 2003, geschossen und gebombt werden. Die eng gezogenen Grenzen demokratischer Mitbestimmung erlauben jederzeit Militäreinsätze und Anlage von Atombomben-Depots auch gegen den durch verlässliche Umfragen ermittelten erdrückenden Mehrheitswillen, der aber eben die Machtträger weder erdrückt noch überhaupt zur Kenntnisnahme nötigt. So schickt die deutsche Regierung gegen den klar ermittelten Willen der Bevölkerung Tornado-Kampfflugzeuge zur Fortsetzung des Krieges nach Afghanistan.

* * *

Aber zurück zum Kampf gegen die Atomwaffenpolitik. Es muss, wie gesagt, mehr ein Kampf *für* die

Friedfertigkeit als *gegen* die Friedlosigkeit sein. Ein Kampf mehr *für* das Gewissen als *gegen* die Gewissenlosigkeit, mehr *für* die Menschlichkeit als *gegen* die Unmenschlichkeit, mehr *für* die Versöhnung als *gegen* den Hass. Das sagt sich leicht. Aber man unterschätze nicht, was sich z. B. ein Günther Anders als Leitfigur in zwei dramatischen Perioden der Friedensbewegung an Sisyphos-Lasten aufgehalst hat, die ihn am Ende fast erdrückten. Ich habe ihn im Jahr vor seinem Tode noch einmal in Wien besucht – und einen Kämpfer gefunden, den die Geduld zu verlassen drohte. In seinem letzten Buch *Gewalt – Ja oder Nein?* schrieb er sich seinen Zorn von der Seele:

> *»Der Mensch ist kein mündiges Wesen mehr, keines, das mit seinem Mund eine eigene Meinung sagen könnte. Vielmehr ist er ein ›höriges‹ Wesen, das hört, was ihm vom Rundfunk oder vom Fernsehen eingeflößt wird, aber worauf er – die Beziehung bleibt unilateral – nichts antworten kann. Diese ›Hörigkeit‹ ist charakteristisch für die Unfreiheit, die er durch seine eigene Technik hergestellt hat.«*

> *»Die Redensart, der Mensch sei ›mündig‹, ist heutzutage falsch, denn kein Mensch, der vor dem Radio oder dem TV sitzt und von diesen Geräten abhängt, macht seinen Mund auf.«*

Aus dieser selbst produzierten Ohnmacht, aus diesem Notstand müsse der Mensch aufwachen und aktiv werden. *»Ich glaube, die Hoffnung ist nur ein anderes Wort für Feigheit [...,] für Verzicht auf eigene Aktion.«*

Was für eine Aktion er meinte, hat Anders vor seinem baldigen Tod nicht mehr ausgeführt. Aber seine Mahnung hat noch einmal viele aufgerüttelt. Es ist gut, dass sein Anstoß zu keinen gewaltsamen Übergriffen geführt hat, die manche in seinen Appell hineinlasen. Nicht gut aber ist, dass die Friedensbewegung seit 1991 nie wieder ernsthaft den Kampf für die Verankerung plebiszitärer Rechte in der Verfassung aufgenommen hat. Damals hatte ein Kuratorium die Möglichkeit eines Volksbegehrens vorgesehen, das zu einem Volksentscheid führen könne. Eine ähnliche Regelung funktioniert bekanntlich in unserem demokratischen Nachbarland Schweiz seit Langem hervorragend. Folgten wir diesem Beispiel, wäre undenkbar, dass US-Atombomben gegen den Willen von über 90% der Deutschen auf hiesigem Boden lagern, dass deutsche Tornado-Kampfflugzeuge in Süd-Afghanistan entgegen dem Votum von 70% operieren, dass die Zahl der Soldaten in jenem Land demnächst erneut aufgestockt werden soll. Unsere Bevölkerungsmehrheit wendet sich aus gutem Grund und nicht aus Verantwortungsschwäche gegen eine stetige Remilitarisierung einer Politik, die am Hindukusch beginnt und bei der Hinnahme der atomaren Bedrohung endet. Den Bürgern macht es Angst, dass die Politik ständig zu wenig zuhört. Aber sie haben, wie Günther Anders mit Recht beanstandet hat, selbst Angst, mehr politische Einmischung zu wagen.

Unsere ärztliche Friedensorganisation ist im Streben nach mehr direkter Demokratie vor allem auf die Mithilfe der kompetenteren IALANA, d.h. auf die

Kollegen der juristischen Anti-Atombewegung angewiesen. Wir Ärztinnen und Ärzte bleiben zuständig für den Sektor Humanität, das heißt für die von Carl Friedrich von Weizsäcker beschriebene psychische Krankheit Friedlosigkeit. Ich selbst sehe mich dabei als psychoanalytischer Arzt weiterhin damit befasst, aufklärerisch, beratend, aufmunternd zu wirken und durchaus auch kämpferisch Selbsthilfekräfte der Gesellschaft zu unterstützen. Den Umgang mit schwer heilbaren Krankheiten gewöhnt, sehe ich mich nicht so verzweifelt wie am Ende Günther Anders. Ich entdecke momentan sogar mit Freude, dass sich gerade in der jungen Generation der Medizinerinnen und Mediziner ein unverbrauchter Kampfgeist meldet, der uns Alte in der ungebrochenen Zuversicht bestärkt, die Heilung der seelischen Krankheit Friedlosigkeit könne doch noch wesentliche Fortschritte machen.

Literatur

Anders, G. (1981): Die atomare Drohung. München (Beck).
Anders, G. (1982): Hiroshima ist überall. München (Beck).
Anders, G. (1987): Gewalt – Ja oder Nein. München (Knaur).
Bahr, E. (1996): Zu meiner Zeit. München (K. Blessing Verlag).
Butler, L. (1999): Sind Kernwaffen notwendig? Vortrag für das Canadian Network to Abolish Nuclear Weapons, 11.09.99.
Clark, R. W. (1974): Albert Einstein-Biographie. Esslingen (Bechtle Verlag).
Forsa Institut (05.02.2007): Meinung zur Entsendung von Tornados.
Gorbatschow, M. (1987): Für die Unsterblichkeit der menschlichen Zivilisation. Ansprache vor dem Intern. Friedensforum, Moskau, 16.02.1987.

Infocenter der R+V Versicherung (2006): Die Ängste der Deutschen 2006.
International Foundation for the Survival and Development of Humanity (1988): 121002 Moskau, Ulitsa Vesnina 9/5.
Jaspers, K. (1958): Die Atombombe und die Zukunft des Menschen. München (Piper Verlag).
Kuratorium für einen demokratisch verfassten Bund Deutscher Länder (18.05.1991): Verfassungsentwurf.
McNamara, R. (1996): Vietnam, das Trauma einer Weltmacht. Hamburg (SPIEGEL Buchverlag).
Oppenheim, R. (1945): zit. nach Vortrag G. Neuneck, IFS Hamburg.
Otto, K. A. (1977): Vom Ostermarsch zur APO. Frankfurt a.M. (Campus).
Russell, B. (1987): Sieg ohne Waffen. Was ein Einzelner zu tun vermag. Darmstadt (Verlag Darmstädter Blätter).
Schmidt, H. (2000): siehe Gespräch mit H.-E. Richter in dessen Buch: Wanderer zwischen den Fronten. Köln (Kiepenheuer & Witsch), S. 207–216.
von Weizsäcker, C. F. (1967): Friedlosigkeit als seelische Krankheit. In: Der bedrohte Friede. München (dtv).

8 Es gibt keinen Frieden unter atomarer Bedrohung

Interview mit Stephan Köhnlein, A.P., erschienen in IPPNW Forum 109/08

A.P.: Herr Professor Richter, wovor haben Sie persönlich Angst?

Richter: Angst ist für mich persönlich keine wesentliche Komponente meines Lebens. Bei mir überwiegen Zuversicht und Hoffnung – trotz aller Rückschläge, Leiden und Gebrechen. Allerdings ärgere ich mich darüber, wie das Thema instrumentalisiert wird. Es gibt eine große deutsche Versicherung, die untersucht jedes Jahr mit viel Aufwand die größten deutschen Ängste. Da stand zum Beispiel 2006 die Sorge vor Bürgerferne der Politiker auf Platz zwei weit vor der Angst vor dem Terrorismus auf Platz zehn. Das widerspricht massiv dem Bild, das uns die Medien jede Woche vermitteln.

Wie erklären Sie sich diese Diskrepanz?

Die Manipulation von Angst hat im Wettstreit der politischen Parteien eine wichtige taktische Rolle bekommen. Mit der Erweckung spezieller Ängste können Erfolge in Wahlkämpfen erzielt werden – sei es die Angst vor Zuwanderern, speziell vor Muslimen. Wenn Parteien solche Ängste anheizen und gleichzeitig behaupten, dass sie die Menschen vor den jeweiligen Bedrohungen beschützen, dann erhoffen sie sich Wählergunst.

Sie selbst haben ja immer wieder vor den Gefahren eines Atomkrieges gewarnt. Wie erklären Sie sich, dass heute die atomare Bedrohung nicht mehr als so groß wahrgenommen wird – obwohl die Gefahr möglicherweise gar nicht geringer geworden ist?

Bei der Bewertung der atomaren Bedrohung beobachte ich das Phänomen der Umkehrung. Der Besitz von Atomwaffen wird paradoxerweise heute als großer Angstschutz verkauft. Man sagt: Wenn wir diese Waffen selbst haben oder von einer Supermacht damit beschützt werden, dann leben wir sicherer. Der Besitz von Atomwaffen wird also als eine Versicherung gegen die eigene Friedensunfähigkeit fantasiert. Das ist zwar grotesk, funktioniert aber offenbar. Die Menschen verlieren den Glauben an ihre eigene Versöhnungskraft und lassen sich einreden, dass Nuklearwaffen etwa wie Wachhunde funktionieren. Natürlich ist das ein Selbstbetrug. Die Atomwaffen sind zu nichts anderem als zum Zerstören und zum Völkermord angelegt.

Warum hat sich diese Sichtweise der Befürworter von

Atomwaffen durchgesetzt? In den 80er Jahren war das doch ganz anders.

Entscheidend ist, dass die Amerikaner sich von dem Atomwaffensperrvertrag von 1970, den sie selbst unterschrieben hatten, verabschiedet haben. Denn der hatte noch alle Unterzeichner verpflichtet, in Verhandlungen mit dem Ziel der vollständigen nuklearen Abrüstung einzutreten. In uns allen ist ein Bedürfnis, Gefahren nicht passiv ausgeliefert zu sein, sondern sie aktiv zu beherrschen. Der Wunsch, die Atomwaffen als Friedenswächter zu sehen, hat offenbar bei der Verdrängung der echten Angst geholfen. Diese Form von Verdrängen geschieht ja immer wieder, um unser inneres Gleichgewicht zu stabilisieren. Die Realität wird zugunsten des inneren Bedürfnisses verfälscht. Man hält es nicht aus, sich in einer schrecklichen Realität dauernd ängstigen zu müssen. Wenn es gelingt, das Angsterregende zu bagatellisieren oder sogar als Besitz oder Chance zu empfinden, dann fühlt man sich wieder wohler.

Wie nah waren wir denn Ihrer Ansicht nach in den 80er Jahren an einem Atomkrieg?

Am größten war die Gefahr eines Atomkrieges wohl 1962 während der Kuba-Krise. Aber noch bis 1986/1987 stand die Welt auf der Kippe. Die Bedrohung war echt, nicht fantasiert. Erst mit Gorbatschow gab es eine Wende.

Und heute?

Damals gab es zwei ebenbürtige Atommächte, die sich gegenseitig in Schach hielten. Jede der beiden Mächte wusste, wenn die andere einen Erstschlag macht, dann sind sie für einen Zweitschlag gerüstet. Das ist ja heute nicht mehr so. Heute gibt es dafür eine größere Verbreitung der Atomwaffen mit den entsprechenden Gefahren. Man denke etwa an Pakistan, ein Land in großer Unruhe und zum Teil in Anarchie. Und auch bei einem Atomwaffeneinsatz in einem regionalen Konflikt gehen die Experten ja davon aus, dass die Schäden verheerend wären.

Ist das nicht noch viel beunruhigender, dass es nicht mehr nur zwei Supermächte gibt, die Atomwaffen einsetzen können, sondern gleich mehrere zum Teil unberechenbare Länder?

Vor allem ist beunruhigend, mit welchem Aufwand an der Weiterentwicklung immer schrecklicherer Atomwaffen gearbeitet wird, bis hin zur atomaren Militarisierung des Weltraums. Die technische Aufrüstung steht in keinem Verhältnis zur psychologischen Abrüstung. Es gibt eine relative Gleichgültigkeit gegenüber der heute noch immer großen atomaren Gefahr, eine psychologische Abstumpfung und dazu die Hoffnung, sich mit der technisch-militärischen Revolution immer stärker und immer sicherer zu machen.

Kann das funktionieren?

Nein. Wir sehen ja, dass die Selbstmordattentate in dem Maße zugenommen haben, in dem die Ungleichheit der Waffen zugenommen hat. Es gibt kein militärisches Übergewicht, das alle anderen ohnmächtig machen kann. Die größte Macht behält immer noch einen Rest Ohnmacht gegenüber einem Rest Macht der Schwächsten oder Ohnmächtigsten auf der anderen Seite. Eine perfekte Sicherheit auf der Basis einer militärischen Überlegenheit – das gibt es nicht.

Nachbemerkung: Unsere Ärztebewegung IPPNW beharrt auf ungemindertem Protest gegen nukleare Bedrohung und mahnt zu allen möglichen Formen gewaltlosen Widerstandes. 2003 habe ich noch persönlich mit den Ärzten und befreundeten Gruppen einen Protestmarsch zu dem US-Atombombenlager Ramstein initiiert. Trotz Regen und Sturm waren 3.000 auf den Beinen. Unsere Losung hieß und heißt weiterhin: *»Stillhalten ist tödlich!«*

9 Islamophobie – ein Symptom der »seelischen Krankheit Friedlosigkeit«

Vor 900 Jahren zeichnete sich eine ähnliche Weltspaltung wie heute ab. Es begann eine kriegerische Epoche mit sieben blutigen Kreuzzügen als Ausdruck einer vermeintlichen absoluten Unversöhnlichkeit zwischen christlicher und islamischer Welt. *»Hier sind die Freunde Gottes, dort sind seine Feinde!«*, rief Papst Urban II. 1095 in Clermont aus. *»Entweder ihr seid für uns, oder ihr seid für die Terroristen!«*, lautete der Appell Bushs nach dem 11. September 2001. Hier sind die Guten, dort die Bösen. Papst Urban nannte die arabischen und türkischen Muslime *»ein gemeines Gezücht«*. Bush dehnte das Feindbild des terroristischen Islams gleich auf ganze Schurkenstaaten aus, so z.B. auf den Irak, der den islamistischen Terrorismus erst als Folge des amerikanischen Angriffskrieges kennenlernte. Sowohl damals wie heute waren bzw. sind Massen bereit, sich auf den befohlenen Kriegsgeist einschwören zu lassen, während wachsame Geister der vermeintlichen Unversöhnlichkeit die Idee einer friedensstiftenden Gemeinsamkeit entgegensetzen.

Im 12. Jahrhundert war es z. B. der arabische Philosoph Averroes oder Ibn Rushd, der darauf hinwies, dass die scheinbar miteinander unvereinbaren drei monotheistischen Religionen in Wahrheit einen großen gemeinsamen Anteil hätten, nämlich – wie wir heute sagen würden – eine einheitliche Wertewelt: Jedes Individuum verfüge über eine aktive Intelligenz, einen »intellectus agens«. Darin stecke eine ethische Gattungsvernunft des gesamten Menschengeschlechts. Dieser intellectus agens verbinde die Menschheit über die Besonderheiten der jeweiligen Offenbarungen hinweg. Der jüdische Philosoph Maimonides und später der Christ Albertus Magnus waren von diesem Gedanken fasziniert, wenn sie auch, insbesondere Albertus, der Offenbarungsreligion eine höhere Bedeutung als Averroes einräumten. Averroes stoppte nicht die Kreuzzüge, dennoch überwand er als Moslem die geistige Scheidewand gegen die Christen. In Paris und Oberitalien übte er noch vom 14. bis zum 16. Jahrhundert großen Einfluss aus. Im 18. Jahrhundert pries ihn Voltaire als arabischen Aufklärer und wesentlichen Förderer der westlichen Zivilisation. Man denke: Kein Geringerer als Voltaire würdigt den islamischen Denker 600 Jahre nach dessen Tod für seinen Beitrag zur abendländischen Aufklärung. Noch im 19. Jahrhundert widmet der französische Religionswissenschaftler Ernest Renan Averroes ein bedeutendes Werk.

Auch nach dem 11. September 2001 warnten bald hellsichtige Mahner vor einer antiislamischen Weltspaltungsideologie und plädierten energisch für Bemühungen um Verständigung. Aber sie prallen auf einen unbeirrbaren US-Präsidenten, der stattdessen um die Erhaltung seines absoluten Feindbildes und um Geschlossenheit des westlichen Kriegsgeistes bangte. Dennoch war es erneut ein gebürtiger Moslem, der unbeirrt von der angeheizten Kreuzzugshysterie zum Nachdenken darüber aufforderte, wie einer Verkettung von terroristischem Hass und kriegerischem Rache-Hass Einhalt geboten werden könne.

Gemeint ist Orhan Pamuk, inzwischen Träger des Friedenspreises des Deutschen Buchhandels und des Literatur-Nobelpreises. In einer deutschen Zeitung fand ich von ihm bald nach dem 11. September den folgenden Text:

> *»Der Westen hat leider keine Vorstellung von dem Gefühl der Erniedrigung, das eine große Mehrheit der Weltbevölkerung durchlebt und überwinden muss, ohne den Verstand zu verlieren oder sich auf Terroristen, radikale Nationalisten oder Fundamentalisten einzulassen.«*

> *»Heute«, so fährt Pamuk fort, »ist das Problem des Westens weniger, herauszufinden, welcher Terrorist in welchem Zelt, welcher Gasse, welcher fernen Stadt seine neue Bombe vorbereitet, um dann auf ihn Bomben regnen zu lassen. Das Problem des Westens ist mehr, die seelische Verfassung der Armen, Erniedrigten und stets im ›Unrecht‹ stehenden Mehrheit zu verstehen, die nicht in der westlichen Welt lebt.«*

Das schrieb Pamuk, als die Tür noch einen Augenblick geöffnet schien für seinen Rat: Erst sollte man das

»Warum« des Terrorismus zu verstehen versuchen, anstatt besinnungslos Bomben zu werfen. Doch die Tür war rasch wieder fest geschlossen. In Washington dachte niemand mehr daran, allein die verbrecherischen Täter, Helfershelfer, Hintermänner und Anstifter vom 11. September zu bestrafen. Es gab nur noch ein Ziel, nämlich das große Weltspaltungsdrama der mittelalterlichen Kreuzzüge zu reinszenieren – ungeachtet der Lehre aus dem 11. September, die vor der Illusion hätte warnen sollen, den Terrorismus mit militärischer Gewalt auslöschen zu können.

Für diese Unbelehrbarkeit gibt es nur eine einzige plausible Erklärung. Das ist eine pathologische »Islamophobie« als eine Variante der von Weizsäcker beschriebenen »seelischen Krankheit Friedlosigkeit«. Islamophobie ist an sich eine irreführende Benennung. Denn heute wie vor 900 Jahren ist es der überlegene Westen, von dem sich Teile der islamischen Welt kulturell erniedrigt und missachtet fühlen, wie es Orhan Pamuk überzeugend feststellt. Was der Westen fürchtet, ist nur die Rache für die Demütigung, die er Menschen zufügt, deren kulturelle Selbstbehauptung von einer dem Westen rückständig erscheinenden Glaubensverankerung abhängt. Der islamistische Terrorismus ist im Irak erst dadurch entstanden, dass Bush zur Amerikanisierung des Landes und zur Eroberung der Ölquellen einmarschiert ist.

Dem Psychoanalytiker offenbart sich neurotische Unfriedlichkeit bei Individuen regelmäßig als Folge früher schwerer narzisstischer Kränkungen und Demütigungen, zu deren Bewältigung »erfolgreiche« Rachemuster entwickelt wurden. Der Selbsthass konnte erfolgreich durch triumphale Verletzung anderer kompensiert werden, insbesondere solcher anderer, deren Friedlichkeit als ständige Anklage gegen die eigene Person empfunden wird. Dieses Reaktionsmuster kann sich leicht im Charakter verankern und damit die Chronifizierung der von Weizsäcker beschriebenen Krankheit bewirken. Sie kann sich in Gruppen epidemisch ausbreiten. Solche neurotisch Friedlosen fühlen sich typischerweise durch keine anderen so leicht gereizt wie speziell durch Pazifisten, die ihnen wie ein lebender Vorwurf erscheinen. Genau dies ist der Mechanismus, den Goethe im *West-östlichen Diwan* beschrieben hat. Jede Versöhnlichkeit erinnert die Friedlosen an die Traumen der eigenen früheren Wehrlosigkeit. Deshalb sehen sie in Sanftmut nichts als Feigheit, Schwäche und Kapitulation. Aber das passt eben nicht auf Versöhnungswillige wie Pamuk, der mit beispielhafter Unerschrockenheit seine türkischen Landsleute an der Verdrängung des begangenen Genozids an den Armeniern gehindert hat. Nur seine hohe internationale Reputation hat ihn vor schon eingeleiteter strafrechtlicher Verfolgung bewahrt.

Die krankhaft Friedlosen müssen hassen, um nicht vom verdrängten Selbsthass aufgefressen zu werden. Umso wichtiger ist es, dass die gesunden Mehrheiten sich ihre von Averroes beschriebene Gattungsvernunft des »intellectus agens« erhalten und der infektiösen Weltspaltungsideologie widerstehen. Überall, wo chronische Verfeindungen irgendwann überwunden werden – wie zwischen Franzosen und Deutschen, wie zwischen südafrikanischen Schwarzen und Apartheids-Weißen, zwischen den militanten Protestanten und Katholiken Nordirlands –, bleiben Verwunderung und Scham darüber zurück, dass nicht längst schon Versöhnungsanstrengungen die Komplizenschaft von Argwohn und Hass durchbrochen hatten. Die Reinszenierung des Kreuzzugsszenarios zwischen dem Westen und dem Islam lässt schon heute die Beschämung für den Augenblick des Erwachens aus der künstlichen Weltspaltung voraussehen, die ja in Wahrheit nichts weiter als eine heilbare temporäre Hassprojektion beider Seiten ist.

Der Westen panzert sich mit immer neuen Sicherheits- und Überwachungsgesetzen. Gleichzeitig weidet er sich an der im Schutz der Pressefreiheit entfachten islamischen Wut über den vielfachen Nachdruck der Bilder, die Mohammed als Terroristen karikieren. *»Wir kommen in die Hölle, wenn wir dagegen nichts tun!«*, soll einer der beiden libanesischen Kofferbomben-Attentäter von Köln zu seinem Mittäter gesagt haben – laut NDR-Magazin *Panorama*, das den einen Täter in Beirut interviewen konnte. Also hatte die westliche Provokation funktioniert, aber mit welchem schrecklichen Risiko!

Wiederum sieht man die »seelische Krankheit Friedlosigkeit« am Werke: Der Westen lockt auf der Gegenseite die gefährlichen Antriebe hervor, gegen deren Ausbruch er gleichzeitig laufend schärfere Sicherheitsgesetze beschließt. Die Irrationalität ist unübersehbar, so scheint es. Aber die vielen, die ihr verfallen, halten sie in einer Gemeinschaft für normal, eben weil man sie mit den anderen teilt. Mit dem versteckten Hass der eigenen Ironie erniedrigt man den Gegner und weckt in ihm Rachegelüste, die dann den Vorwand liefern, sich an ihm nach dem Sündenbock-Schema abzureagieren. Der Terrorismus entsteht aus Demütigung und Erniedrigung. Diese gilt es zu verstehen.

Aber um verstehen zu wollen, muss man im Grunde versöhnungsbereit sein und kein gemeinsames Hassobjekt benötigen, um von den eigenen ungelösten gesellschaftlichen Problemen abzulenken. Eben dieser Feindbildbedarf hat bisher vom Verstehen abgehalten und immer wieder Gründe für militärisches Intervenieren und mehr Überwachung gefunden. Daraus ist ein System geworden, das sich eigendynamisch in destruktiver Richtung verschärft.

Ein Hass entzündet sich am anderen und verstellt den Blick auf den einzigen Ausweg, nämlich das Gegeneinander in Gemeinsamkeit zu verwandeln. Dazu gehört nur der Mut zur Annäherung. Denn in der Nähe ist es unumgänglich, sich miteinander als verwandt zu erkennen und die Verantwortung füreinander zu beherzigen. Orhan Pamuk gehört zu den maßgeblichen einschlägigen Wegweisern. Auch Daniel Barenboim überwindet die künstliche Front zwischen den Kulturen sogar mit praktischem persönlichen Beispiel. Zusammen mit dem palästinensischen Literaturwissenschaftler Edward Said bringt er mit dem Eastern

Divan Orchestra die israelisch-palästinensische Aussöhnung schrittweise von unten aus voran. Nur von unten aus können die Heilkräfte gegen die »seelische Krankheit Friedlosigkeit« hinreichend erstarken, um der noch vom Kreuzzugsgeist infizierten Politik eine fortschrittliche Humanisierung aufzunötigen.

Aber auch von oben können und müssen Zeichen für Verständigung gesetzt werden, so z. B. die kürzlich erfolgte Vergabe des Theodor-Heuss-Preises 2007, des höchsten deutschen Demokratie-Preises, an Mustafa Ceric, Großmufti von Bosnien und Herzegowina, und Rita Süssmuth, Vorsitzende der unabhängigen Kommission »Zuwanderung«. Mustafa Ceric engagiert sich exakt in der Region, wo der christliche Westen und der muslimische Osten hart aufeinanderprallen und sich einander noch kürzlich rücksichtslos bekriegt haben. Er arbeitet mit ungebrochener Zuversicht für gegenseitige Annäherung und für eine europäische Integration der Muslime ohne beiderseitigen Identitätsverlust. Beide, der Großmufti und die Ex-Präsidentin des Bundestages, ernten das Misstrauen der noch immer Friedlosen, aber zugleich die große Hoffnung der vielen anderen, die den Rückfall in destruktiven Hass und gegenseitige Verfolgung fürchten. Ob sich die Hoffnungen erfüllen werden, hängt indessen unzweifelhaft davon ab, ob das Bewusstsein der unentrinnbaren gegenseitigen Abhängigkeit den Abbau von Ungerechtigkeiten und kultureller Missachtung hinreichend fördern wird, d. h. ob der Heilungswille ausreicht, um die Krankheit Friedlosigkeit Schritt für Schritt zu überwinden.

Literatur

Erbstösser, M. (1998): Die Kreuzzüge. Bergisch Gladbach (Bastei Lübbe).
Flasch, K. (1986): Das philosophische Denken im Mittelalter. Stuttgart (Ph. Reclam jun.).
Heimsoeth, H. (Hg.) (1935): W. Windelband: Lehrbuch der Geschichte der Philosophie. Tübingen (J.C.B. Mohr).
Senner, W. (Hg.) (2001): Albertus Magnus. Berlin (Akademie Verlag).

10 Welchen Menschen braucht die Zukunft?

Vortrag im Kulturwissenschaftlichen Institut Essen am 18.02.2008

Der von Herrn Professor Rüsen vorgeschlagene und von mir akzeptierte Vortragstitel enthält einen Anspruch, der mir, als er mir klar wurde, einige Verlegenheit bereitet hat. Wie kann ich mir anmaßen, im Voraus zu wissen, welche Aufgaben sich den Menschen im raschen Wandel der Zeit in Zukunft stellen werden?

Ein Psychoanalytiker ist ja nicht vornehmlich damit beschäftigt, was werden kann oder was werden soll, sondern er will verstehen, warum es so geworden ist, wie es ist. Aber ich bin einer, der auch fragt: Kann es so weitergehen, wie es geworden ist? Und es macht mir Angst festzustellen, dass es nicht so weitergehen darf. Aber warum geht das nicht?

Der amerikanische Historiker Paul Kennedy hat uns auf 500 Seiten aufgeschrieben, was wir alles anders machen müssen, um die Probleme des 21. Jahrhunderts zu meistern. Aber auf zwei Seiten bezweifelt er, ob wir dazu eine Voraussetzung erfüllen werden: nämlich kurzfristig die notwendigen Opfer aufzubringen, die notwendig sind, um langfristig überleben zu können.

Er zweifelt nicht an dem Vermögen, das langfristig Notwendige zu berechnen, aber daran, das Notwendige zu tun. Richard Sennett hat uns anschaulich erzählt, wie die raschen Wechsel und Umbrüche in Wirtschaft und Arbeitswelt uns heute den Blick auf das Langfristige verstellen. Flexibilität ist das Machtwort des Zeitgeistes geworden. Aber es heißt Biegbarkeit, Krümmbarkeit, Unstetigkeit; nicht mehr auf Langfristigkeit ausgerichtete Beständigkeit und Verlässlichkeit.

Die Klimaforschung beweist uns unsere Selbstbedrohung durch Versäumen umgehender gründlicher Vorsorge. Das peinliche Schauspiel von Heiligendamm hat uns bildhaft unsere Lage vor Augen geführt: Die Großen der acht wichtigsten Wirtschaftsmächte, unfähig zu jeglicher verantwortlicher Handlungsentscheidung, hermetisch abgesperrt von einigen Zehntausend der sozialen, ökologischen, friedfertigen Weltbewegung der Globalisierungskritiker, die umgehend verantwortungsvolle praktische Vorsorge verlangt. Kein Dialog. Kein Zuhören. Lehrstück eines historischen Versagens.

1981 hatte ich die Realsatire »Alle redeten vom Frieden« geschrieben. Da habe ich die Unfähigkeit zu einer lebensschützenden Friedens- und Umweltpolitik als resignative Selbstzerstörung interpretiert: Die Menschen sehen ein, dass sie im Zugrunderichten der Welt nicht mehr innehalten können. Also lassen sie es geschehen, dass ein konspirativer Zirkel von Geheimdienstlern dem absehbaren Dahinsiechen, das noch über Generationen andauern könnte, ein Ende setzt: Immer noch besser ein Ende mit Schrecken als ein Schrecken ohne Ende. Ein nukleares Inferno verhindert weiteres Leiden.

Es war eine makabre Geschichte. Aber sie bescherte dem *SPIEGEL* damals als Titelstory eine Rekordauflage, wie mir der Chefredakteur berichtete. Und das Buch wurde auf dem internationalen Markt mein erfolgreichstes Werk. Offensichtlich half meine Realsatire damals vielen Lesern, den eigenen heimlichen Pessimismus zu entdecken und Resignation in Protest zu verwandeln.

Das war auf dem Höhepunkt der Atomkriegsgefahr. Die wurde dann Ende der 80er Jahre vorläufig gebannt, als Gorbatschow die Macht des Stalinismus brach und den Selbstbefreiungsbewegungen in Osteuropa und Ostdeutschland Raum gab. Der Moment schien gekommen, mit der Erfüllung des Atomwaffensperrvertrages von 1970 Ernst zu machen, in dem die Atommächte sich verpflichtet hatten, in Verhandlungen zur vollständigen atomaren Abrüstung einzutreten. Als Mitglied einer kleinen internationalen Initiativgruppe, an deren Zustandekommen ich mitgewirkt hatte, war ich verschiedentlich Zeuge, wie nahe damals Persönlichkeiten wie Gorbatschow, Sacharow, McNamara und führende internationale Atomwissenschaftler dem Ziel zu sein glaubten, die Welt von der gemeinsamen atomaren Selbstbedrohung zu befreien.

Aber die Gesundung kam nicht zustande. Die Krankheit Friedlosigkeit brach wieder hervor. Amerika bestand darauf, die Beendigung des Kalten Krieges sei kein gemeinsames Friedenswerk gewesen, sondern nur ein Erfolg der US-Waffenüberlegenheit. Wir haben gesiegt. Gorbatschow hat verloren. Wir haben ihn totgerüstet. Basta!

Was immer politische Hardliner und der militärisch industrielle Komplex im Hintergrund zur atomaren Remilitarisierung der Weltpolitik beigetragen haben – die Menschen, die am 15. Februar 2003 in allen fünf Kontinenten zu Millionen auf die Straßen gegangen sind, um den Absturz in eine erlogen begründete kriegerische Barbarei im Irak abzuwenden, sehen sich seitdem wieder in die gleiche Entmündigung wie vor einem Vierteljahrhundert zurückversetzt. Es ist noch schlimmer, weil ihnen diesmal kein plausibles Hassobjekt in der Rolle eines martialischen Weltfeindes angeboten wurde. Saddam Hussein war weder Islamist noch zu militärischer Bedrohung fähig.

Warum können sich die Menschen auch in demokratischen Staaten nicht wehren, wenn ihnen eine irrwitzige Rüstung und Kreuzzüge gegen Feinde zugemutet werden, die – wie im Falle des Irak – erst für eine Dämonenrolle präpariert werden müssen?

Man erinnert sich an mittelalterliche Verfolgungsszenarien gegen dämonisierte Ketzer- oder Satansgestalten zur Ausrottung des Unkrauts im Garten des Herrn. Es ist im Wandel der Zeiten immer wieder das gleiche Drehbuch – nur mit einem wesentlichen Unterschied: An die Stelle der Scheiterhaufen sind Massenvernichtungswaffen getreten. Doch die Läuterungsideologie ist die gleiche geblieben. Das Flugzeug, das die Hiroshima-

Bombe abgeworfen hat, ist christlich gesegnet worden. Und der Präsident, der im Irak zehntausende Zivilisten töten ließ, sah sich, genau wie seine inquisitorischen Vorgänger, direkt vom Himmel berufen.

Es ist also das Muster einer alten Erbkrankheit, das sich periodisch reinszeniert. Der kürzlich verstorbene Physiker und Philosoph Carl-Friedrich von Weizsäcker hat 1967 in einer berühmten Rede die »*seelische Krankheit Friedlosigkeit*« beschrieben. Sie beruhe auf Aussetzen oder Verkümmern der Friedfertigkeit, fast stets durch mangelnden Frieden mit sich selbst. Die Deutung lautet also: Der gestiftete Unfrieden entsteht als Projektion von Selbsthass. Der Feind wird gebraucht, um dem eigenen Leiden zu entkommen. Das habe ich in dem Buch näher ausgeführt, das ich folgendermaßen genannt habe: *Wer nicht leiden will, muss hassen*.

Auch dieser Titel ist für mich ein Stück eigene Lebensgeschichte. Ich hatte als 18-, 19-Jähriger im Krieg mit meinem Geschütz an der Russlandfront geschossen und getötet, als Werkzeug einer riesigen Vernichtungsmaschine – mit enteignetem Gewissen. Dreieinhalb Jahre später aus Gefangenschaft zurückgekehrt, erfuhr ich, dass zwei russische Soldaten meine Eltern erstochen hatten, auf einem Spaziergang, als meine Mutter sich gewehrt und mein 71-jähriger Vater ihr beizustehen versucht hatte. Hass, Schuld, Trauer, Leiden. Ich habe dann vor genau 60 Jahren eine philosophische Doktorarbeit über Schmerz und Leiden geschrieben. Und dabei habe ich gelernt, dass im Leiden, zuvor immer nur als Schwäche, Versagen und Minderwertigkeit stigmatisiert, eine Kraft steckt, wenn man es annehmen kann. Leidenkönnen und Liebenkönnen sind ganz nahe beieinander. Man wird ihrer fähig, wenn man sein Herz öffnet. Erst dann kann man ein ganzer Mensch sein. Und dann spürt man auch die Kraft, sich zu versöhnen. Nelson Mandela hat beschrieben, wie er als zermürbter Häftling bei einem seiner weißen Wärter einmal dessen Mitgefühl spürte und wie er augenblicklich wusste, dass Schwarze wie Weiße gemeinsam von der Unterdrückung ihrer Menschlichkeit befreit werden müssten. Das machte ihn sicher in seinem Vorsatz, die Völker Südafrikas friedlich einen zu können.

Ein kleines Unternehmen mit Versöhnungsabsicht gelang auch mir selbst – zusammen mit Hans-Jürgen Wirth und Moskauer Sozialforschern, noch vor Ende des Kalten Krieges: Wir untersuchten 1.000 Moskauer und 1.400 Gießener Studierende (vgl. Richter 1990). Wie sehen Russen und Deutsche sich selbst und gegenseitig? Wie steht es um Vertrauen oder Misstrauen, um Hoffnungen und Befürchtungen in gegenseitigem Verhältnis? Heraus kam mehr, als wir erhofft hatten. Das gegenseitige Vertrauen der jungen Menschen war trotz Krieg und langjähriger Hasspropaganda auf beiden Seiten intakt geblieben. Russen und Deutsche beurteilten sich selbst kritischer als gegenseitig. Die Leiden unter der offiziellen Verfeindung hatten ein erstaunliches Gefühl der Verbundenheit hinterlassen. Die Menschen wussten, dass die Atomkriegsdrohung sie gemeinsam traf. Unsere Untersuchung war als Versöhnungshilfe gedacht. Aber die Versöhnung der Menschen war schon da – nur bei der Politik noch nicht angekommen. Da stand sie erst noch bevor.

Das verstanden wir besser aus einer Frage unseres Tests. Die lautete: »*Nehmen die Politiker ernst, was Menschen wie ich denken?*« Kaum, sagen 69,9% der Russen, aber auch 67,4% der jungen Deutschen, das heißt fast genauso viele. Warum auch sie? Warum waren die Politiker auch für sie weit weg vom eigenen Denken? Gilt die Entfremdung von den Politikern auch in unseren westlichen Ländern?

Dabei denke ich immer wieder an den 15. Februar 2003. Millionen Menschen stehen in allen fünf Kontinenten auf den Straßen, um den Irakkrieg zu verhindern. Ich selbst rede vor 50.000 Menschen auf dem Stuttgarter Schlossplatz. Kaum ein Volk auf der Erde, dessen Mehrheit den kommenden Krieg nicht ablehnt. Aber der US-Präsident will ihn und macht ihn und überfällt ein Land, in dem es weder die behaupteten weltbedrohenden Waffen noch den militanten Islamismus gibt, der erst durch den Krieg dort entsteht. Und die halbe Welt marschiert mit oder hält zumindest still.

Dann ist der Feind Saddam Hussein beseitigt, und dem Kriegswillen droht Arbeitslosigkeit. Doch nun bildet das Gespenst des islamistischen Terrorismus einen Ersatz und führt zu einer elektronischen Überwachungsrüstung ohne Beispiel. Der Terrorismus ist zwar da und nicht nur ein Gespenst. Aber ähnlich wie zuvor Saddam Hussein macht er den Menschen beileibe nicht die Angst, die man ihnen einredet. Beispiel Deutschland: Alljährlich untersucht die R+V Versicherung mit großem Aufwand die 15 häufigsten Ängste der Deutschen. Ergebnis 2006: Erst an zehnter Stelle taucht die *Terrorismus-Angst* auf, aber ganz vorn schon an zweiter Stelle die *Angst vor der Bürgerferne der Politiker*. Klartext: Die Menschen haben vor den Politikern Schäuble und Jung mehr Angst als vor dem Terrorismus.

Dennoch spielen sie in dem Stück wie Marionetten nach dem alten Weltspaltungsdrehbuch weiter mit, obwohl sie doch erkennen müssten, dass die ihnen vorgesetzten Teufel nur zweite Wahl sind und die vorgeblichen Läuterer wenig überzeugen. Aber das Rollenspiel als solches schlägt sie in seinen Bann: Entweder ihr haltet zu Gott oder zu seinen Feinden! Dieser Aufruf zum Ersten Kreuzzug durch Papst Urban II. hallt durch die Jahrhunderte fort und trübt den Verstand bis in unsere Tage, der doch ganz anders sprechen müsste. Etwa so: Entweder ihr steht zusammen und schützt gemeinsam das bedrohte Leben auf eurem Planeten, oder ihr werdet Opfer eurer Zerstörungsmittel, mit denen ihr nicht siegen, sondern euch nur gemeinsam umbringen könnt.

Die drohende Klimakrise bietet nun noch einmal die Chance zu einer großen friedlichen solidarischen Anstrengung. Denn sie passt nicht zu dem alten Drehbuch. Die misshandelte Natur, das ist die Unversöhntheit mit uns selbst. Das ist die Natur, zu der wir gehören, die jedoch nicht uns gehört. Das Böse ist nicht draußen, sondern in uns selbst. Es ist die Superbia, vor der einst Augustin gewarnt hat, der Verlust des Maßes. Friedlicher mit der Umwelt umzugehen, heißt selbst friedlicher zu werden. Richard Rorty, der kürzlich verstorbene große amerikanische Philosoph, hat uns die Botschaft hinterlassen: Unser moralischer Fortschritt hängt nicht von der Herrschaftsmacht unseres Intellekts ab, sondern von der Horizonterweiterung unserer Sensibilität, d. h. der Ausdehnung unserer Empfänglichkeit für die Bedürfnisse einer immer größeren Vielfalt der Menschen und Dinge.

* * *

Lassen Sie mich als Psychoanalytiker noch eine Sorge benennen, die für das Bestehen der Zukunft besondere Beachtung verdient. Das ist die irrationale Gehorsamsbereitschaft, die sich zu dem Übel der Friedlosigkeit hinzuaddiert. Sie entgeht leicht der Aufmerksamkeit, weil sie sich mit unserer Selbstachtung ganz schlecht verträgt. Ich erwähne die Experimente von Stanley Milgram, die Ihnen sicherlich bekannt sind. Er hat nachgewiesen, dass durchschnittliche Leute einer ihnen achtenswert erscheinenden Autorität bis hin zum Foltern anderer Menschen gehorchen. Weitere Forscher haben Milgrams Experimente wiederholt und seine sensationellen Befunde im Wesentlichen bestätigt.

Sozialwissenschaftler wie Zygmunt Bauman finden in den Erkenntnissen Milgrams eine Erklärungshilfe dafür, dass man bei psychologischen Untersuchungen von Nazitätern oftmals völlig unauffällige Persönlichkeitsprofile gefunden hat, ohne besondere Auffälligkeiten in Richtung Gefühlsverarmung oder Verrohung. Gustave LeBon und Sigmund Freud haben schon früher Unterwerfungsdurst bzw. Autoritätssüchtigkeit unter massenpsychologischen Bedingungen beschrieben. Auffallend ist indessen ein verbreiteter Unwille, die Ergebnisse solcher Untersuchungen anzuerkennen. Milgram musste sich reichlich Anfeindungen aus der Fachwelt gefallen lassen. Er erfuhr, dass man seine Resultate zwar nicht entkräften konnte, ihm aber die Herstellung von Bedingungen übel nahm, die seinen Probanden die Willigkeit zum Foltern entlockte. So machte man ihn zum eigentlichen Täter. Hätte er die Amerikaner als standhafte Verweigerer von fragwürdigem Gehorsam entdeckt, hätte man ihn gelobt. So aber erntete er überwiegend abfällige Kritik oder Nichtbeachtung.

Er hat eine Tatsache von enormer praktischer Bedeutung bestätigt. Automatische Gehorsamsbereitschaft gehört zu den gefährlichsten Neigungen, die eine wichtige Rolle bei den Massenverbrechen der totalitären Bewegungen des 20. Jahrhunderts gespielt haben. Und unbewusste Hörigkeit kennzeichnet auch mildere Unterwerfungsszenarien, bei denen sich Massen z.B. zu Kampagnen verleiten lassen, die ihnen eigentlich zuwider sind oder bei denen sie nachträglich erkennen, dass sie einer Selbstverleugnung erlegen sind. Die Übergänge zum Alltäglichen sind deutlich: Menschen passen sich automatisch fragwürdigen Zumutungen an und hassen sich im Nachhinein für ihre Gefügigkeit. Viele sind nach ihrer Nazi-Hörigkeit wie aus einer Umdämmerung erwacht: Warum habe ich dies und jenes mitgemacht? Das war doch gar nicht ich selbst! Das passte doch gar nicht zu meinem Charakter. Freud beschrieb das als Selbstentmündigung im Austausch des persönlichen Über-Ichs gegen den Führer als neue moralische Instanz.

* * *

Gegenwärtig wird in den demokratischen Ländern die Selbstbestimmung nicht mehr durch totalitäre Ideologien bedroht. Heute ist es das kapitalistische Konkurrenzsystem mit seinen Zwängen, dem das Gewissen standhalten muss. Von Kindheit an werden Menschen auf optimale Verwertbarkeit trainiert. Die Standfesten werden unbequem, die Flexiblen, die beliebig Biegbaren sind gefragt. Wer schon als Kind lernt, sich denen, von denen es abhängig ist, möglichst bequem zu machen, kann einen lebenslänglichen Opportunismus erlernen. Heute passiert das oft Kindern als umstrittenen Bundesgenossen uneiniger Eltern. Sie merken, mir geht es gut, wenn ich mich mit dem jeweils mächtigeren Teil arrangiere. Aber vielleicht kann ich dann das, was mit mir gemacht wird, später mit den anderen machen. Sich selbst verraten, dann andere verraten und sich auf diese Weise nach oben schlängeln, vorbei an den redlichen Naiven – das kann zu einem fragwürdigen

Erfolgsrezept werden. Was zählt denn heute sonst noch als Erfolgsziel außer Geld und Macht?

Vor 20 Jahren habe ich ein satirisches Buch geschrieben. Titel: *Die hohe Kunst der Korruption.* Es wurde ein Bestseller. Ich gab mich als Politik- und Wirtschaftsberater aus, der Führungspersonal Korruption als Kunst beibringt und vor Stümperei bewahrt. Meine Lehre lautete: Auf den Führungsetagen sei Erfolg ohne Korruption neuerdings unmöglich. Doch an damals prominenten Beispielen erläuterte ich, wie große Skandale hätten verhindert werden können und sollen, denn schließlich müsse dem einfachen Volk der Glauben erhalten bleiben, dass es da oben mit rechten Dingen zugehe. Dass meine Schrift von einem beträchtlichen Teil der Leser nicht als Satire, vielmehr als ernsthaftes Ratschlagbuch aufgefasst wurde, entnahm ich zahlreichen Zuschriften, die davon ausgingen, dass es so kommen würde, wie es inzwischen geworden ist. Man denke nur an die CDU-Parteispenden-Skandale, an die Schweigegeld-Affären in Konzernspitzen und die im Internet aufgedeckte Verstrickung einer Medizinforscher-Elite in die Geschäftsstrategie der Tabakindustrie. Eine internationale Studie der Pricewaterhouse Coopers und der Universität Halle-Wittenberg von 2006 stellt fest: Jedes zweite deutsche Unternehmen ist in den beiden vergangenen Jahren Opfer wirtschaftskrimineller Handlungen geworden. In einem Drittel der Fälle kommen die Täter aus dem Top-Management. Herr Profalla spricht von Einzelfällen. Aber dann hören wir, dass sich Postchef Zumwinkel in Gesellschaft

Hunderter von betuchten Steuerbetrügern befindet, denen die Fahnder auf der Spur sind.

Wir blicken immer noch entgeistert auf die Scharen der gehorsamen Nazi-Täter zurück, die sich zu Werkzeugen unter totalitärer Herrschaft erniedrigt hatten. Aber was heißt es, wenn sich eine stattliche Reihe von Medizinforschern über Jahrzehnte von der Zigarettenindustrie finanzieren ließ, an deren Produkten zurzeit in Deutschland pro Jahr mehr als 100.000 Menschen sterben?

Eines meiner Bücher habe ich genannt: *Flüchten oder Standhalten*. Das war vor 32 Jahren, als mir in der Eigenerfahrung klar geworden war, wie schwierig es ist, sich nicht selbst in ein Spiegelbild manipulierender gesellschaftlicher Kräfte zu verwandeln, wie schwierig es ist, die Isolation zu ertragen, wenn man eine Anpassung verweigert, die ringsum geleistet wird, sodass man dem anderen wie ein personalisierter Vorwurf erscheint. Ich habe nie Lust an Aufsässigkeit empfunden, aber nach dem Mitschießen und der Unterdrückung meiner Menschlichkeit im Nazi-Krieg den festen Vorsatz bewahrt, den ich in dem eben zitierten Buchtitel genannt habe, nämlich das Standhalten zu lernen. So habe ich es dann ausgehalten, als junger kritischer Psychoanalytiker unter einem aus der Euthanasie-Psychiatrie stammenden Professor lange Zeit als wissenschaftliche Hilfskraft von einer Assistentenstelle ferngehalten zu werden und drei Jahre auf einer strafweise ungelesenen Habilitationsschrift sitzen zu bleiben – alles nur, weil ich gelernt hatte, falsche Anpassung mehr zu fürchten, als meine Überzeugung zu verraten. Das Buch *Flüchten oder Standhalten* habe ich zu einem Großteil zur Selbstermutigung geschrieben. Aber allmählich habe ich gelernt, dass mir das Festbleiben guttat und dass ich dadurch auf Dauer echte Freunde gewann, abgesehen von dem ganz wichtigen Beistand meiner Frau, die in einer ständig bespitzelten und schikanierten Anti-Nazi-Familie aufgewachsen war.

Was ich hier skizziert habe, ist ein kleines Stück einer Selbsthilfe-Geschichte, die sich in meiner Generation nicht selten in Verarbeitung sehr schlimmer Erfahrungen unter Hitler wiederholt hat. Jüngere sagen mitunter, sie könnten mit solchen Geschichten nicht sehr viel anfangen, da sie weder Nazisystem noch Krieg erlebt haben. Aber als Psychoanalytiker und Familientherapeut habe ich stets die Einsicht im Kopf: Wir wissen erst, wer wir wirklich sind, wenn wir entdeckt haben, was von denen in uns steckt, die vor uns da waren.

Lassen Sie mich abschließend noch einige Worte zu der schon erwähnten globalisierungskritischen Bewegung sagen, der ich mich selbst zugehörig fühle. Auch in dieser erkenne ich das Überwiegen des Pro über das Anti. Die Medienberichterstattung hat diese Initiative bisher eher als eine aggressive Anti-Bewegung erscheinen lassen im Blick auf die Krawalle anlässlich der Weltwirtschaftsforen in Seattle, Göteborg und Genua. Die beste Beschreibung hat bisher die Fotografin Katharina Mouratidi geliefert, die fast drei Jahre lang Veranstaltungen der Bewegung in allen fünf Kontinenten besucht und herausragende Aktive interviewt und fotografiert hat. So sind 50 Porträts und Selbstdarstellungen von Engagierten aus 43 Ländern zustande gekommen. Alle haben Katharinas Frage beantwortet: »*Warum tust du, was du tust?*«

Seit 2006 stehen die 50 in Lebensgröße neben ihren Texten und einer kurzen Biografie in einer Ausstellung nebeneinander und reisen um die Welt, von Deutschland durch Europa bis nach Amerika. Da steht der Ex-Chefökonom der Weltbank Joseph Stiglitz neben der Bäuerin Iluminada Garcia, die in Paraguay für die Landlosen kämpft, die Maya-Indianerin Rigoberta Manchú, die sich für die Rechte der indigenen Völker in Lateinamerika engagiert, neben dem israelischen Studenten Guy Elhanan, der seine Schwester durch einen Palästinenser-Anschlag verloren hat und dennoch als Soldat den Dienst in den besetzten Gebieten verweigert, um ein Zeichen für den Frieden zwischen beiden Völkern zu setzen.

So vereinigt die Ausstellung repräsentativ für die Bewegung Jung und Alt, Frauen und Männer, WissenschaftlerInnen und Bankleute, LehrerInnen, ArbeiterInnen und KünstlerInnen, Studierende und Arbeitslose, Soldaten und SchriftstellerInnen. Darunter sind Christen und Muslime, Juden und Buddhisten, Maya-Gläubige und Anhänger des afrikanischen Ubuntu. Gemeinsam ist ihnen allen der Glaube, dass sie miteinander die Welt gerechter, friedlicher und gesünder machen können. Dieses Pro, die Zuversicht des Dafür, ist das Entscheidende, was sie eint. Die Gewissheit, dass jeder Mensch, wenn er sich aufrichtet und sich als

Subjekt versteht, verantwortlich daran mitzuwirken in der Lage ist, sich aus der Rolle als bloßes Werkzeug ökonomischer oder militärischer Machtinteressen zu befreien. Darin steckt eine bewusste oder unbewusste Religiosität. Ein Bewusstsein der Verbundenheit mit allem anderen Leben, ein Gefühl der Einbettung in einen großen Zusammenhang, der aber elementar durch menschliches Versagen bedroht ist. Die Ausstellung lässt sich auch in Buchform besichtigen. Das Buch heißt *Venceremos!* und ist in der Edition Braus, Heidelberg, mit einem kurzen Vorwort von mir erschienen.

Sollten Sie das Buch in die Hand bekommen oder irgendwann die Ausstellung sehen, werden Sie verstehen, dass mein Vortrag wohl besser hätte heißen sollen: »Welche und nicht welchen Menschen braucht die Zukunft?« Denn ich stimme Norbert Elias darin bei, dass wir uns der Vorläufigkeit unseres gegenwärtigen Menschenbildes bewusst sein sollten. Die Vorstellung von einem Individuum, das seine Seele wie in einer nach außen abgeschlossenen Kapsel in sich trägt, lässt außer Acht, dass wir von Geburt an lebenslang miteinander vernetzt und wechselseitig voneinander abhängig sind. Wenn wir uns voreinander öffnen, können wir mit Schopenhauer feststellen, dass wir uns auch in den Fremdesten selbst wiederfinden können. Bedingung ist, Nähe zueinander zu wagen, in der uns erst die Verantwortung füreinander unmittelbar evident wird. Gemeint ist die echte Nähe von Angesicht zu Angesicht, nicht etwa die virtuelle Nähe der Avatare im »Second Life«.

Literatur

Bauman, Z. (1992): Dialektik der Ordnung: Die Moderne und der Holocaust. Hamburg (EVA).

Elias, N. (1976): Über den Prozess der Zivilisation. Frankfurt a. M. (Suhrkamp).

Erbstösser, M. (1977): Die Kreuzzüge. Bergisch Gladbach (Bastei Lübbe).

Info-Center der R+V Versicherung (2006): Die Ängste der Deutschen 2006.

International Foundation for the Survival and the Development of Humanity (1988): 121002 Moskau, Ulitsa Vesnina 9/5.

Kennedy, P. (1999): In Vorbereitung auf das 21. Jahrhundert. Frankfurt a. M. (S. Fischer).

Mandela, N. (1994): Der lange Weg zur Freiheit. Frankfurt a. M. (S. Fischer).

Milgram, St. (1982): Das Milgram-Experiment. Reinbek (Rowohlt).

Mouratidi, K. (2006): Venceremos! Heidelberg (Edition Braus).

Richter, H.-E. (1976): Flüchten oder Standhalten. Reinbek (Rowohlt).

Richter, H.-E. (1981): Alle redeten vom Frieden. Reinbek (Rowohlt).

Richter, H.-E. (1989): Die hohe Kunst der Korruption. Hamburg (Hoffmann u. Campe).

Richter, H.-E. (1990): Russen und Deutsche. Hamburg (Hoffmann u. Campe).

Richter, H.-E. (2006): Die Krise der Männlichkeit. Gießen (Psychosozial-Verlag).

von Weizsäcker, C. F. (1967): Friedlosigkeit als seelische Krankheit. In: Der bedrohte Friede. München (dtv).

11 Rede zum 175. Jubiläum der Sophie-Scholl-Schule

Berlin, 23.03.2007

Meine sehr verehrten Damen und Herren,
liebe Schülerinnen, liebe Schüler,

Herr Direktor Brunswicker hat mir die ehrenvolle Aufgabe angetragen, zu dieser 175. Jahrfeier Ihrer Schule eine Rede zu halten. Ich war so kühn, diese freundliche Einladung anzunehmen, obwohl ich mir nicht sicher bin, ob ich Ihre Erwartungen hinreichend erfüllen kann. Ermutigt hat mich immerhin, was ich laufend von den hocherfreulichen Erfahrungen einer meiner Enkelinnen gehört habe, die unlängst an dieser Schule ihre Referendarzeit absolviert hat. Ferner ermutigen mich Erfahrungen mit Veranstaltungen, zu denen ich in letzter Zeit von Lehrern, Schulleitern oder auch direkt von Schülern oder Schülerinnen anderer Schulen eingeladen werde.

Dabei stelle ich fest, dass sich offenbar wieder ein verstärktes Interesse dafür entwickelt, was *in* den Menschen und *zwischen* den Menschen vorgeht, was sich *in* den Schülern abspielt, wie den Lehrern zumute ist, was in die Schule von den Elternhäusern an Problemen hineinwirkt, und schließlich, wie sich das gesellschaftliche Klima in der Innenwelt der Menschen und ihrer Beziehungen abbildet.

Viele haben sich daran gewöhnt, diese seelische Innenseite unseres Zusammenlebens als eine private Zone zu betrachten, die nicht mehr zur eigentlichen praktischen Realität gehöre. Da zählen nur noch Fakten, Fakten, Fakten, also das, was gemacht wird, was man berechnen und quantitativ evaluieren kann. Schule soll Fertigkeiten trainieren und Wissen in solcher Art produzieren, dass Erfolg und Misserfolg messbar werden. Wie sich die Menschen dabei befinden, wie ihr Umgang miteinander durch Zutrauen oder Misstrauen, Hoffnung oder Enttäuschung, Angst oder Depression, Nähe oder Fremdheit gefärbt wird – das näher zu betrachten, erscheint wie ein nostalgischer Luxus. Die Betrachtung engt sich ein auf das Funktionieren. Lehrer funktionieren, Schüler funktionieren oder auch nicht.

Aber dann kommt ein Zwischenfall: Eine Lehrerin wird überfallen, ein Mitschüler wird misshandelt, ein anderer begeht Suizid. Nun erschrecken alle. Nachträglich lässt sich eine längere Vorgeschichte ermitteln, die zu dem Desaster geführt hat. Es gab Vorbotensymptome. Aber niemand hat sie gemerkt oder ernst genommen. Der Vorhang geht auf vor einer Szene, deren Wichtigkeit man erst im Nachhinein erkennt, da man sie erstmalig näher in Augenschein nimmt.

Als ich vor 60 Jahren als Soldat aus Kriegsgefangenschaft in die Berliner Ruinenlandschaft zurückkehrte, wurde ich vor allem mit *dieser* Szene konfrontiert, nämlich mit der traumatisierten Innenwelt der Menschen, meine eigene eingeschlossen. Die Trümmer des Stadtbildes waren die eine Seite, die psychische Trümmerwelt der Seelen war die andere. Die aus Gefangenschaft entlassenen Soldaten, einst auf Siegen und Heldentum eingeschworen, waren nun zermürbte Verlierer, mit grausamen und auch oft beschämenden Erinnerungen belastet. Die Ängste der Bombennächte steckten noch in den Köpfen der Bewohner. Verlust der Angehörigen, Flüchtlingselend drückten nieder. Aber man hörte keine Klagen, man wollte sie auch nicht hören, um sich nicht gegenseitig noch tiefer herunterzuziehen.

Anfang der 50er Jahre habe ich als junger Arzt und halbfertiger Psychoanalytiker hier in Berlin eine Beratungs- und Forschungsstelle für seelisch gestörte Kinder und Jugendliche übernommen. Zu mir kamen Mütter, z.T. auch Väter mit Kindern, die an Ängsten oder psychosomatischen Störungen litten – oder die wegliefen, klauten, die jähzornig oder gewalttätig wurden. Es gab damals Schulklassen mit Kindern, die in Sonderklassen für Störer und Gestörte versetzt wurden. Meine Frau meldete sich freiwillig für die Leitung solcher Klassen. Sie stammte aus einer Familie, die unter den Nazis schwer gelitten hatte. Nun verspürte sie ein Bedürfnis, das auch in mir hochkam: Wir müssten nun gerade die vormals als minderwertig Stigmatisierten unterstützen und vor dem Herausfallen bewahren. Also kümmerte ich mich aus freien Stücken um Eltern von Kindern, die meiner Frau besondere Schwierigkeiten bereiteten. Ich habe meine Frau darin bewundert, was sie alles an Widerständen und Grobheiten einstecken konnte, ohne zu verhärten. Es war ein heroisches, aber nicht nur leidvolles Unternehmen.

Ich selbst machte zusammen mit ehrenamtlichen Helferinnen in meiner klinischen Beratungsstelle eine Entdeckung, die für meine Zukunft als Therapeut und Forscher wegweisend wurde. Mir wurden die Augen dafür geöffnet, dass die mir vorgestellten Kinder oft vor allem das ausdrückten, was die Eltern an eigenen inneren Zerstörungen, an Schuldgefühlen, Enttäuschungen und unerfüllten Sehnsüchten in sich verbargen. Wenn die Kinder versagten, lernte ich zu verstehen, dass sie eigentlich oft an dem unbewussten Auftrag scheiterten, die Eltern von ungelösten Problemen zu befreien. Sie sollten unglückliche Eltern froh machen, sollten deren verfehlte Ziele erreichen, für deren Selbsthass büßen, Partnerverluste ersetzen usf. Die Symptome der Kinder waren so etwas wie eine Antwort auf die unausgesprochenen Leidensbotschaften der Eltern. Aber mit diesen Botschaften waren die Kinder überfordert. Bei dem Versuch, diese Dialoge zu entschlüsseln, gelangte ich mit meinen Mitarbeiterinnen zu dem Verfahren einer psychoanalytischen Familientherapie, das in Deutschland bisher in dieser Form unbekannt war. Wir bezogen die Eltern als Mitpatienten in die Behandlung ein.

Dabei wurde uns allmählich klarer, dass und wie die Hitler-Generation die Folgegeneration mit der eigenen oft verschwiegenen Vergangenheit beschwerte. Die Entzifferung dieser Zusammenhänge in mehrjährigen

Studien führte mich dann zu meinem Buch *Eltern, Kind und Neurose*, das 1963 erschien. Erst Ende der 60er und Anfang der 70er Jahre fand darin die erste Nachkriegsgeneration viel von den eigenen Problemen wieder. Sie las das Buch weniger aus theoretischem Interesse, sondern um sich selber besser zu verstehen. Auch junge Eltern und Lehrer machten sich schließlich über *Eltern, Kind und Neurose* her, sie alle in der Hoffnung, Erkenntnisse zur Selbstheilung von der kontaminierten psychischen Erblast zu gewinnen und zugleich den Weg für eine humanere Erziehung zu finden. Leitfigur dieser antiautoritären Pädagogik wurde der britische Pädagoge Alexander Neill. Sein Buch *Summerhill*, zugleich Name der von ihm gegründeten »Heimschule«, wurde zu einem Millionen-Bestseller. Neill war stark von den Psychoanalytikern Freud und Reich beeinflusst. Hierzulande blühten die sogenannten Kinderläden auf, das waren von Elterngruppen betreute Kindergärten, vielfach ebenfalls von psychoanalytischen Ideen geleitet. Vermeidung autoritärer Zwänge stand obenan, aber durchaus auch die Anleitung der Kinder, ihre Konflikte ohne Gewalt und Ausgrenzung auszutragen. Wurden Kinder auffällig, lautete die erste Frage: »*Was haben die Eltern vielleicht falsch gemacht?*« Da kam es auch gelegentlich zu Übertreibungen. Indessen fand ich, dass es den Eltern in meinem Erfahrungskreis doch vielfach gelang, die Kinder und die eigene Beziehung zu ihnen besser zu verstehen. Unverkennbar war jedenfalls die »Zukunftshoffnung« jener Bewegung. Wie eine Erlösung wirkte die Fantasie: Wir können uns von den vererbten Nazi-Irrungen befreien, wenn wir Herrenmenschenwahn in Solidarität, Diskriminierung und Ausgrenzung in Beistand verwandeln. Wir werden von unten aus eine sozialere Gesellschaft entwickeln, eine menschlichere Schule, eine menschlichere Arbeitswelt, eine neue Ebenbürtigkeit von Frauen und Männern und zugleich – in meinen Worten – eine verantwortungsbewusstere »Elterlichkeit«. Von oben her wurde dieser Geist unterstützt durch Willy Brandts von ihm so genannte »*Politik der Compassion*«.

Aber es gab auch die radikalen Protestler, die nicht mehr an eine friedliche Humanisierung glaubten, die in ihrem antiautoritären Hass nur noch den Weg eines revolutionären Umsturzes vor sich sahen: »*Das politische System der Bundesrepublik ist jenseits aller Reparatur*«, schrieb Hans Magnus Enzensberger 1967. Und er fuhr fort: »*Es ist die Staatsmacht selbst, die dafür sorgt, dass die Revolution nicht nur notwendig (das wäre sie schon 1945 gewesen), sondern auch denkbar wird.*« Was er damit nicht meinte, was aber passierte, war das Abdriften eines kleinen radikalen Flügels der 68er Bewegung in den bewaffneten Kampf der RAF, der bis in die 80er Jahre hinein mit grausamen Entführungen und schrecklichen Morden andauerte. Wie manche dieser Täter bzw. Täterinnen noch innerlich mit Konflikten der Eltern aus der Hitlerzeit verwickelt waren, wird erst allmählich deutlich. Ich habe diesen Zusammenhang am Beispiel einer zu lebenslänglicher Haft verurteilten Ex-Terroristin, die ich seit zehn Jahren im Gefängnis als Psychotherapeut betreue, in meinem neuen Buch erläutert.

Sie werden von mir nicht erwarten, dass ich die Geschichte dieser ehrwürdigen Schule behandle, für die andere hier zuständig sind. Was ich Ihnen bieten kann, sind nur einige Gedanken zum Zusammenhang zwischen Gesellschaft und Schule heute.

Die Idee, Schule für alle zu sein, der sich die Sophie-Scholl-Gesamtschule verschrieben hat, stammt aus dem Geist der Ära Willy Brandt, den 70er Jahren. Eine Gesellschaft kann nur in einem Klima von Gemeinschaftlichkeit existieren, wenn die Zusammengehörigkeit bereits in der Schule vermittelt wird. Dafür ist die gemeinsame Beschulung z. B. auch von Schülern mit und ohne Behinderung, wie sie in diesem Hause mit differenzierten Programmen durchgeführt wird, beispielhaft. Es darf die Einsicht nicht verloren gehen, die aus jener Zeit des sozialen Aufbruchs stammt, dass die Pflege von speziellen Begabungen nicht auf Kosten der Schulung von Ebenbürtigkeit und Geschwisterlichkeit gehen darf. Ich denke oft an die für mich überzeugende These von Albert Einstein, »*dass Athletik des Geistes nicht schützt gegen Kleinheit der Seele und barbarischer Empfindung*«. In einem Brief an Freud schrieb er 1932: »*Nach meinen Lebenserfahrungen ist es sogar die so genannte ›Intelligenz‹ welche den verhängnisvollen Massensuggestionen am leichtesten unterliegt.*« Und er fuhr fort, dass Menschlichkeit und soziale Gesinnung in Universitäten und Akademien nicht häufiger anzutreffen seien als in den Werkstätten der einfachen Menschen.

Schule muss von ihrer Struktur her Kindern und Jugendlichen vermitteln, dass sie in eine Welt hineinwachsen, in der alle zusammengehören trotz unterschiedlicher Herkunft und kultureller Eigenheiten. Arthur Schopenhauer hat das einmal in dem Bilde von vertrauensvollen Menschen ausgedrückt, die nach außen offen sind und sich mit allen anderen verbunden fühlen, während sich Misstrauische mit einer inneren Scheidewand gegen eine vermeintlich böse Welt abkapseln. Die Offenherzigen üben sich darin, in die anderen, sogar in ihre Widersacher hineinzuschauen, stets in der Zuversicht, in diesen, irgendwo einen Teil von sich selbst zu entdecken: Der oder die ist ja wie ich.

Schule muss, wie es die Sophie-Scholl-Schule tut, die Entwicklung solcher Nähe und Vertrautheit befördern. Aus der Nähe entspringt Mitverantwortung für die anderen. Nähe ist Verantwortung, sagt der britische Soziologe Zygmunt Bauman. Ausländerhass wuchert am wenigsten dort, wo Einheimische eng mit Ausländern zusammenleben. Hitler konnte den Judenhass erst erfolgreich schüren, als er die Juden durch Verbannung aus dem öffentlichen Leben oder durch Vertreibung weitgehend unsichtbar gemacht hatte.

Der soziale Flügel der 68er Bewegung war geradezu besessen von dem Drang, genau diese beschriebene Nähe zu den Abgehängten, Ausgesonderten und Diskriminierten aus der Nazizeit wiederherzustellen. Bemerkenswert war dabei der Gedanke: Wir können den Benachteiligten, den Verlierern, den Ausgegrenzten nur zur Emanzipation verhelfen, wenn wir uns selbst im Innern verändern. Daher damals der Rückgriff auf Freud und auf die Linksfreudianer der 20er Jahre.

Wir müssen selbst menschlicher werden und unseren Kindern vormachen, wie wir uns Solidarität und Gewaltfreiheit vorstellen. Was kam dabei heraus? Dazu eine kleine Erinnerung:

Ich hatte das große Glück, als junger Hochschullehrer die damalige Studentengeneration mit ihren kühnen sozialen und pädagogischen Experimenten wie das eben genannte begleiten zu können. Ich bin demjenigen Teil dieser Generation dann weiter nahe geblieben, der sich anschließend bei den Grünen und in der Friedensbewegung sammelte, obwohl wir immer häufiger zu hören bekamen, dass der Glauben an eine sozialere, friedlichere, sauberere Welt zwar etwas für schöne, sanfte Seelen, aber illusorisch sei. Der Umschwung führte zurück zu sozialer Erkaltung und Verhärtung. Die optimistische »Wir-Gesellschaft« mutierte zum Narzissmus einer vorwiegenden Ich-Gesellschaft. Manche ehemaligen Wortführer des Kampfes gegen repressive Hierarchien zogen ihre Turnschuhe aus und lösten die zermürbten Etablierten in Führungsämtern ab, die sie selbst noch kurz zuvor als Schaltstellen des Machtapparates attackiert hatten.

In der Pädagogik schwang das Pendel zurück. Die Experimente von Neill, Reich, Bettelheim und Bernfeld sowie der Kinderläden wurden gnadenlos verworfen. Das Gerücht wurde gestreut, die Kinder aus den Kinderläden der 70er, 80er Jahre hätten samt und sonders Schädigungen davongetragen. Ich kenne allerdings keine einzige wissenschaftliche Untersuchung, die dies bestätigt hätte, dafür die Biografien von Kindern und

Eltern aus der Szene der mir selbst vertraut gewordenen Experimente. Da erfahre ich nichts von Verwahrlosung oder anderen Formen des Scheiterns, weiß dafür von studentischen Eltern aus den ehemaligen Kinderläden, die heute erfolgreich als Lehrer, Hochschullehrer, Sozialpädagogen oder Psychotherapeuten wirken. Dem Psychoanalytiker ist vertraut, dass manche den Zusammenbruch eigener Ideale nur dadurch ertragen, dass sie diese oder deren Verkünder nachträglich schlecht machen. *»Das Gute missfällt uns, wenn wir ihm nicht gewachsen sind«*, heißt es bei Nietzsche.

»Summerhill« heißt eine berühmte britische Internatsschule mit liberaler und psychoanalytischer Ausrichtung. Das Buch gleichen Namens kursierte seinerzeit mit Millionenauflage in Europa. Die Schule, von der Tochter des Gründers geleitet, lebt bis heute erfolgreich weiter.

* * *

Beinahe 40 Jahre sind seit der Mythisierung von Summerhill und der Begeisterung für die experimentierfreudigen Eltern-Kinder-Gruppen vergangen. So war ich höchst überrascht, als ich kürzlich zu einer Talkrunde vom ZDF Nachstudio zum Thema »Antiautoritäre Erziehung« eingeladen wurde. Mit von der Partie waren die heutigen Leiterinnen von Summerhill sowie der Laborschule Bielefeld und Klaus von Dohnanyi. Vielleicht haben einige von Ihnen zugehört und unser Resümee vernommen.

Das *Anti*, das seinerzeit die Erziehungs- und Schulreformer mitbrachten, um die Erblast des Autoritären loszuwerden, kann heute kein leitender Antrieb mehr sein. Heute sind wir gefragt: Wie kommen wir zum Engagement eines neuen *Pro*? Dieses Pro, das seit den 80er Jahren im Narzissmus gesucht wurde, als herrliche Selbstverwirklichung des Ego, trägt nicht mehr. Materielle Sorgen, Klimaangst und eine bedrückende Militarisierung der Politik verstärken eher das Ohnmachtsgefühl des Einzelnen. Also kann sich die Hoffnung doch wieder nur auf ein neues *Wir* richten. In der Schule kann ein solches *Wir* getestet werden. Schule ist eine Werkstatt, wo sich gemeinsam neue Selbsthilfekräfte bilden können. Denn hier soll die Jugend ja nicht nur Fragen zu beantworten, sondern zugleich solche kritisch und kreativ zu stellen lernen.

Ich bin heute noch einigen meiner Lehrer dankbar, dass sie mir einst sogar im engen Spielraum der Nazidiktatur Mut zu selbständigem Denken gemacht und selbst davon vorgeführt haben, was ihnen möglich war. Schule kann noch so vollgestopft sein mit Aufträgen, Programmen und Vorschriften, aber der Geist des Umganges miteinander kann eine Freiheit der Menschlichkeit verteidigen, die vor einer Verinnerlichung der äußeren Zwänge schützt. Es kostet Widerstandskraft, aber die lässt sich aufbringen gegen Abstumpfung, gegen Entpersönlichung des Lehrer-Schüler-Verhältnisses, gegen Entfremdung voneinander im Kollegium. Ich hätte nicht gewagt, heute hierher zu kommen, hätte ich nicht von meiner noch vor Kurzem als Referendarin an dieser Schule tätigen Enkelin gehört, wie wohl ihr das hier herrschende psychische Klima getan habe.

Vor einiger Zeit wurde ich von Oberklassen-Schülerinnen und Schülern zu einer großen Abendveranstaltung in einer Kasseler Schule eingeladen. Da erblickte ich in einem großen Saal ein angeleuchtetes Plakat mit einem Ausspruch meines Freundes, des Computer-Wissenschaftlers Joseph Weizenbaum. Die berühmt gewordene Mahnung lautet:

> *»Die Rettung der Welt hängt nur von dem Individuum ab, dessen Welt sie ist. Zumindest muss jedes Individuum so handeln, als ob die gesamte Zukunft der Welt, der Menschheit selbst, von ihm abhänge. Alles andere ist ein Ausweichen vor der Verantwortung und selbst wieder eine enthumanisierende Kraft, denn alles andere bestärkt den einzelnen nur in seiner Vorstellung, lediglich eine Figur in einem Drama zu sein, das anonyme Mächte geschrieben haben, und sich weniger als eine ganze Person anzusehen, und das ist der Anfang von Passivität und Ziellosigkeit.«*

Um diesen Text herum hatten sich also etwa 400 Schülerinnen und Schüler, dazu eine Gruppe von Lehrern versammelt, um mit mir darüber nachzudenken, wie die Zukunft zu bestehen sei. Einige kannten Bücher von mir. Sie wussten von meinem Engagement in den verschiedenen sozialen Bewegungen, von der Friedensbewegung bis zu attac. Ich traf mich mit ihnen in dem Eindruck, dass wir uns zurzeit alle miteinander an einer Art Wegscheide befinden. Wir merken, dass es so wie bisher nicht weitergeht. Aber wie kann es weitergehen? Die fortgeschrittenen Schüler spüren, dass etwas mit unseren Orientierungsmaßstäben nicht mehr stimmt. Auch dazu hat Weizenbaum etwas Wesentliches gesagt: »*Die Macht, die der Mensch durch seine Naturwissenschaft und Technik erworben hat, hat sich in Ohnmacht verkehrt.*« Ich möchte das an einem einprägsamen Beispiel deutlich machen: Die Spaltung des Atomkerns erschien als triumphaler menschlicher Machtgewinn. Heute haben wir uns der Eigenmacht der Atomwaffen wie einer Versicherung gegen unsere Friedensunfähigkeit unterworfen. Die Einschüchterungskraft der Nuklearwaffen hat sich ein Vertrauen erschlichen, das der Mensch in seine eigene Versöhnungskraft nicht mehr aufbringt. Deshalb fehlt ihm der Mut, das Versprechen aus dem Atomwaffensperrvertrag von 1970 wahrzumachen und auf eine vollständige nukleare Abrüstung zuzusteuern. Dafür hat General Omar Bradley, Ex-Oberkommandeur der US-Streitkräfte, die schlichte Formel gefunden: »*Wir leben im Zeitalter der nuklearen Riesen und der ethischen Zwerge.*«

Die Wegscheide lautet: Das weitere Streben nach einer Herrschaft mit überlegenen Machtmitteln bedeutet nicht mehr Fortschritt, vielmehr Rückschritt zu Unmenschlichkeit. Die technische Entwicklung muss sich ethischen Maßstäben unterordnen. Diese besagen, dass wir alle gegenseitig aufeinander angewiesen sind und dass wir zur Natur gehören und dass diese nicht uns gehört. Irak und Israel/Palästina zeigen uns, dass militärische Gewalt gegen Terrorismus am Ende automatisch zu einer komplizenhaften Verkettung von fundamentalistischem und kriegerischem Terror führt. Und die sich ankündigende Klimakrise belehrt uns, dass wir mit einem zügellosen egoistischen Herrschaftsgebaren im Begriff sind, die Erde unbewohnbar zu machen. Zur Abwehr dieser Gefahr fallen uns überwiegend technische Reparatur- und Wartungsrezepte ein. Aber die Umbesinnung muss, wie im Falle der Kriegsverhütung, noch viel tiefer gehen. Da können wir uns nicht auf die Errungenschaften einer neuen Generation künstlicher Intelligenz verlassen, sondern müssen zuerst unsere eigene innere Einstellung revidieren, d.h. unsere Menschlichkeit aus der Verdrängung befreien. Der amerikanische Philosoph Richard Rorty hat dafür eine passende Formel gefunden. Die lautet: »*Der moralische Fortschritt ist davon abhängig, dass die Reichweite des Mitgefühls immer umfassender wird. Er ist nicht davon abhängig, dass man sich über die Empfindsamkeit erhebt und zur Rationalität vordringt.*« Vielmehr komme es auf zunehmende Sensibilität und Empfänglichkeit für die Bedürfnisse einer immer größeren Vielfalt der Menschen und der Dinge an.

Mir scheint, dass ein wachsender Teil aufgeweckter Jugendlicher in den höheren Schulklassen neuerdings bereit ist, in dieser Richtung mitzudenken. Sie spüren, dass sie jenseits der Sorgen, wo und wie sie in der Gesellschaft ihren Platz finden können, einbezogen sind in eine Mitverantwortung für die Zukunft des Ganzen. Ich schöpfe Mut daraus, dass ich in verschiedenen Schulen eine solche Besinnlichkeit antreffe.

Zu verkennen ist aber auch nicht, dass Teile der

Jugend zusammen mit beträchtlichen Gruppen der Gesellschaft eher auf Fluchtmechanismen verfallen, um den aktuellen Bedrängnissen und düsteren Zukunftsvisionen zu entweichen. Eine dieser Fluchten führt nach dem Muster der Endzeit Roms in die betäubende Zerstreuungsindustrie. *»Wir amüsieren und zu Tode«*, hat Neil Postman diese Form der Abreaktion genannt. Statt Besinnung besinnungslose Suche nach oberflächlichem machbaren Spaß oder Nervenkitzel. Inzwischen haben sich die Computer-Spieler in ihre eigenen Doppelgänger (Avatare) verwandelt und bauen sich ein »Second Life« in einer neu erfundenen Welt auf. Die Gebrauchsanweisung hat der *SPIEGEL* kürzlich bekannt gemacht. Da verschwimmen partiell die Grenzen zwischen künstlicher Welt und materieller Realität. Millionen »leben« bereits in diesem virtuellen Raum als Avatare – wunderbar vernetzt, dennoch als trostlos Einsame. Der Raketenbauer Wernher von Braun sah noch die Chance, einer unbewohnbar gemachten Erde mit Weltraumraketen auf andere Planeten zu entfliehen. Der Mensch als Avatar entflieht nur noch ins Internet und begegnet als Kunstwesen lediglich anderen Kunstwesen.

Das heißt, auf diese Weise gibt er sich und die reale Welt verloren, vielleicht unbewusst, weil er sich nicht zutraut, mit der realen Umweltvergiftung und der nuklearen Destruktivität innezuhalten. Wenn man es so sieht, dann ist dieses Spiel mit dem »Second Life« eine verkappte Form von Depressivität.

Diesen Fluchtmechanismen ist ja nicht mit einem

bloßen *Anti*-Appell beizukommen. Wenn ich richtig verstehe, warum mich manche Schülergruppen und Schulen heutzutage einladen, so tun sie es m. E. weniger, um eine Art Wegweisung zu hören, sondern zunächst nur, um zu erfahren, wie es einem ergeht, der sich über Jahrzehnte in der Medizin, in der Pädagogik, in der Politik in Bewegungen für eine Humanisierung unserer Gesellschaft engagiert – übrigens seit 60 Jahren meist zusammen mit der Ehefrau. Es geht uns gut, wenn wir immer wieder Menschen und Gruppen antreffen, denen ein unzerstörbarer Glauben einwohnt, dass wir die Welt gerechter, freundlicher und friedlicher machen können. Und es geht uns erst recht gut, wenn wir andere anregen können, mehr dafür zu tun, was sie erhoffen. Denn Hoffnung bleibt nur lebendig, wenn man sich für ihre Erfüllung engagiert. Die Arbeit unserer Studenten mit den Obdachlosenkindern und ihren Eltern in Gießen hat nach ihrer Veröffentlichung viele ähnliche Initiativen mobilisiert. Der Geist von Summerhill steckt, wie sich jetzt zeigt, immer noch in den Köpfen. Für den alten Immanuel Kant bedeutete allein die Begeisterung der Nachbarvölker für den Geist der Französischen Revolution einen untrüglichen Beweis für eine unzerstörbare moralische Anlage in den Menschen, die uns zum Besseren führen könne.

Mehr Freiheit, mehr Gleichberechtigung, mehr Geschwisterlichkeit, das waren, und das sollten wieder die großen Leitideen sein, die uns anziehen und uns miteinander verbinden, von den ganz Jungen bis zu den ganz Alten. Die Schule ist ein zentraler Ort, wo über allem angesammelten Wissen der humane Geist für die Anwendung des Wissens wachsam sein muss. Nach allem, was ich höre, bietet diese Schule dafür ein hilfreiches Klima. Ich wünsche Ihnen, dass es so bleibt.

Literatur

Bauman, Z. (1992): Dialektik der Ordnung. Die Moderne des Holocaust. Hamburg (DVA).
Kant, I. (1798): Der Streit der Fakultäten. Von einer Begebenheit unserer Zeit welche diese moralische Tendenz des Menschengeschlechts beweist. Wiesbaden (Insel Verlag), 1964, Bd. 9, S. 357–359.
Richter, H.-E. (1963): Eltern, Kind und Neurose. Stuttgart (Klett Verlag).
Richter, H.-E. (2006): Die Krise der Männlichkeit. Gießen (Psychosozial-Verlag).
Rorty, R. (1994): Hoffnung statt Erkenntnis. Wien (Passagen Verlag).
Weizenbaum, J. (1977): Die Macht der Computer und die Ohnmacht der Vernunft. Frankfurt a. M. (Suhrkamp Verlag).
Weizenbaum, J. (2001): Computermacht und Gesellschaft. Frankfurt a. M. (Suhrkamp Verlag).

Horst-E. Richter
Der Gottes-komplex
Die Geburt und die Krise des Glaubens an die Allmacht des Menschen

2005 · 344 Seiten · Broschur
ISBN 978-3-89806-389-0

Horst-Eberhard Richter
Die Krise der Männlichkeit
in der unerwachsenen Gesellschaft

2006 · 288 Seiten · gebunden
ISBN 978-3-89806-570-2

Horst-Eberhard Richter beschreibt die moderne westliche Zivilisation als psychosoziale Störung. Er analysiert die Flucht aus mittelalterlicher Ohnmacht in den Anspruch auf egozentrische gottgleiche Allmacht. Anhand der Geschichte der neueren Philosophie und zahlreicher sozio-kultureller Phänomene verfolgt er den Weg des angstgetriebenen Machtwillens und der Krankheit, nicht mehr leiden zu können. Die Überwindung des Gotteskomplex wird zur Überlebensfragen der Gesellschaft und des modernen Menschen.

Richters bahnbrechendes Werk neu aufgelegt und angesichts der ökonomischen Krisen und der Zunahme terroristischer Gewalt in der westlichen Gesellschaft aktuell wie nie zuvor.

Horst-Eberhard Richter, einer der bedeutendsten Psychoanalytiker und Sozialphilosophen der Gegenwart, untersucht das Schwinden von Menschlichkeit im Rausch der wissenschaftlich-technischen Revolution. Von den erfolgreich konkurrierenden Frauen eingeholt, müssten die Männer ihrerseits mehr psychologische Weiblichkeit entwickeln, um den Ausfall an sozialen Bindungskräften wettzumachen und um zu verhindern, dass sich die Armutskluft und die Komplizenschaft von fundamentalistischem Terror und kriegerischer Gegengewalt nicht verewigen.

Eine brillante Weiterentwicklung seiner Thesen aus »Der Gotteskomplex« (1979).

P⊞V
Psychosozial-Verlag

Goethestr. 29 · 35390 Gießen · Tel. 0641/9716903 · Fax 77742
bestellung@psychosozial-verlag.de
www.psychosozial-verlag.de

Gerhard Bliersbach
Leben in Patchwork-Familien
Halbschwestern, Stiefväter und wer sonst noch dazugehört

2007 · 198 Seiten · broschiert
ISBN 978-3-89806-743-0

Lebensformen und Familien befinden sich im Wandel. Gerhard Bliersbach sieht dies als »ungeplantes Experiment der Evolution der Lebensformen«. Dazu gehört als Normalfall der Moderne die Auflösung alter familiärer Gefüge und deren Zusammensetzung in neuen Konstellationen. Eine davon ist die Patchwork-Familie, in der sich Partner mit leiblichen und nichtleiblichen Kindern zu einer gemeinsamen Lebensform entschließen. Das Buch beschreibt ein sehr typisches Patchwork-Familiensystem: die Mutter, deren Kinder, den Stiefvater und ein gemeinsames leibliches Kind.

Horst-Eberhard Richter
Patient Familie
Entstehung, Struktur und Therapie von Konflikten in Ehe und Familie

2007 · 250 Seiten · broschiert
ISBN 978-3-89806-820-8

Horst-Eberhard Richter gibt eine grundlegende und umfassende Darstellung der Familientherapie basierend auf der Psychoanalyse. Anhand authentischer Krankengeschichten und Behandlungsbeispielen illustriert der Autor die Chancen dieses Heilverfahrens, weist aber zugleich auf mögliche Schwierigkeiten hin. Das Buch richtet sich nicht nur an Angehörige sozialpädagogischer Berufsgruppen, sondern darüber hinaus an ein interessiertes Laienpublikum.

P V
Psychosozial-Verlag

Goethestr. 29 · 35390 Gießen · Tel. 0641/9716903 · Fax 77742
bestellung@psychosozial-verlag.de
www.psychosozial-verlag.de

2005 · 178 Seiten · Broschur
ISBN 978-3-89806-475-0

2005 · 220 Seiten · Broschur
ISBN 978-3-89806-346-3

Warum wurde der Irakkrieg geführt? Wegen der angeblichen Massenvernichtungswaffen? Hinter den offiziellen Rechtfertigungen verbergen sich fast immer psychologische Mechanismen, die zum Verständnis der Dynamiken kriegerischer Auseinandersetzungen ebenso wichtig sind wie die politischen und geostrategischen Fakten. Gewalt ist dabei das Mittel, Erfahrung mit sich selbst im Spiegel des Anderen zu vereiteln.

Ein vertieftes Verständnis gewaltsamer internationaler Konflikte ist nur möglich, wenn man die verborgenen psychosozialen Motivationen und die verheimlichten ökonomischen und politischen Interessen dahinter versteht. Namhafte Beiträger bis hin zu Noam Chomsky stellen dazu in diesem Buch in verständlicher Weise aktuelle, neue und originelle Ansätze vor.

In unterschiedlichsten Beiträgen nimmt bekanne Psychoanalytiker und Sozialp losoph Horst-Eberhardt Richter Stellu zu aktuellen gesellschaftlichen Fragen. Mittelpunkt steht dabei die Auseinand setzung mit der Frage nach der Fähigk der Menschen, aus Erfahrungen zu lern und daraufhin ihr Denken und Handeln verändern. Daraus entwickelt Richter Vision einer alternativen Völkergeme schaft mit erweitertem Verantwortungss und gegenseitiger Achtung.

P🙰V
Psychosozial-Verlag

Goethestr. 29 · 35390 Gießen · Tel. 0641/9716903 · Fax 77
bestellung@psychosozial-verlag
www.psychosozial-verlag